中华爱国人物故事

ZHONGHUA AIGUO RENWU GUSHI

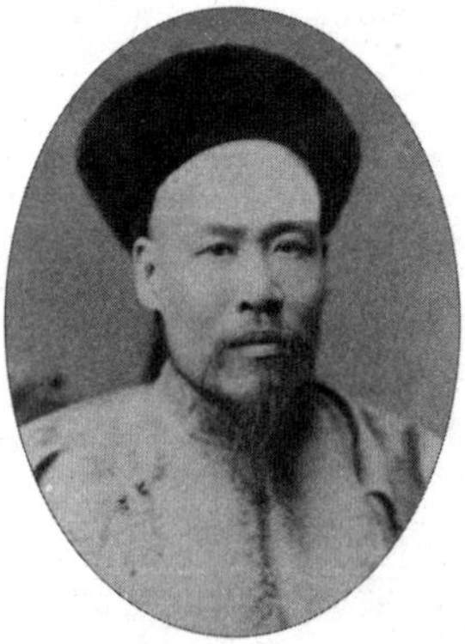

不畏列强勇捍主权
的外交家曾纪泽

苑宏光　张一　编著

吉林人民出版社

图书在版编目(CIP)数据

不畏列强勇捍主权的外交家曾纪泽 / 苑宏光, 张一编著. -- 长春：吉林人民出版社, 2011.5
(中华爱国人物故事)
ISBN 978-7-206-07861-3

Ⅰ.①不… Ⅱ.①苑…②张… Ⅲ.①曾纪泽(1839~1890)-生平事迹 Ⅳ.①K827=52

中国版本图书馆CIP数据核字(2011)第075744号

不畏列强勇捍主权的外交家曾纪泽
BU WEI LIEQIANG YONG HAN ZHUQUAN DE WAIJIAOJIA ZENG JIZE

编　　著：苑宏光　张　一
责任编辑：郝晨宇　　　　封面设计：七　洱
吉林人民出版社出版 发行（长春市人民大街7548号　邮政编码：130022）
印　　刷：鸿鹄（唐山）印务有限公司
开　　本：670mm×950mm　　1/16
印　　张：8　　　　　　　字　　数：70千字
标准书号：ISBN 978-7-206-07861-3
版　　次：2011年5月第1版　　印　　次：2023年6月第4次印刷
定　　价：35.00元

如发现印装质量问题，影响阅读，请与出版社联系调换。

总　序

胡维革

《中华爱国人物故事》是一套故事丛书。它汇集了我国历史上80位古圣先贤、民族英雄、志士仁人、革命领袖、先进模范人物的生动感人史迹，表现了作为中华民族优秀传统的伟大的爱国主义精神。

爱国主义是人们对于"生于斯、长于斯、衣食于斯"的祖国的一种神圣感情,是人们对于自己民族的一种强烈的责任感和使命感,是感召和激励整个中华民族的　面永不褪色的旗帜。在漫长的历史上,爱国主义一直激励着中华儿女为祖国的独立、统一、进步和繁荣而英勇奋斗。从伟大的思想家教育家孔子到统一全国的千古一帝秦始皇,从秉笔直书著《史记》的司马

◆ 中华爱国人物故事

迁到鞠躬尽瘁死而后已的诸葛亮,从伟大的浪漫主义诗人李白到精忠报国的民族英雄岳飞,从七下西洋传播友谊的郑和到抗击倭寇的民族英雄戚继光,从苟利国家生死以的林则徐到为变法流血的第一人谭嗣同,从威震敌胆的抗联将军杨靖宇到人民音乐家聂耳与冼星海,从踏遍青山人未老的李四光到万婴之母林巧稚,从县委书记的好榜样焦裕禄到情系雪域献身高原的孔繁森……都表现出了强烈的爱国主义精神。正是由于热爱祖国的人们前仆后继地奋斗,国家和民族才得以生存,历经一次次历史危急关头而能转危为安,走向兴盛和富强,从而屹立于世界民族之林。爱国主义是鼓舞中华儿女历经忧患、跨越沧桑、百折不挠、自强不息的伟大力量,它贯穿于中华民族的整个历史,并有力

总序

地凝聚着五洲四海的中国人。

　　爱国主义是一个历史的范畴,在社会发展的不同阶段、不同时期有着不同的具体内容。革命时期,需要我们为祖国的独立自主出生入死;建设时期,需要我们为祖国的繁荣富强增砖添瓦;在全国各族人民团结一心建设富强、民主、文明、和谐的社会主义现代化国家的今天,我们要争做一名新时期的爱国者。新时期的爱国者要有强烈的民族自尊心和自豪感。民族自尊心和自豪感是任何时期任何爱国者都必须具备的情感。民族自尊心能增强我们自立向上的恒心,民族自豪感能树立我们建设祖国的信心。要树立"祖国高于一切"的崇高信念,为了祖国和人民的利益不惜抛却个人的利益,甚至不惜牺牲个人的生命。要树立终身学习的理念,拓

◆ 中华爱国人物故事

宽自己的知识面，广泛吸收新知识新技术，完善自身的知识结构，更新学习知识的方法与理念，从思想上、知识上充分武装自己，为祖国的繁荣昌盛贡献力量。

爱国主义思想的继承和发扬，是关系到民族盛衰、国家兴亡的根本问题。一代代人爱国主义思想情操的形成，需要不断地培养。培养爱国主义的一个重要途径是向爱国主义的英雄人物和典范事迹学习。这套丛书的出版，对于人们向英雄和先进人物学习，特别是对于在中小学生中进行爱国主义教育，将可提供一些生动的教材。祝愿此书出版发行成功，为培养"四有"新人做出贡献。

于2011年4月23日

世界读书日

编委会

策　划：胡维革　吴钦光
　　　　 林　巍　李达豪
主　编：胡维革　邢万生
副主编：贾淑文　吴兰萍
编　委：(按姓氏笔画为序)
　　　　 于二辉　门雄甲
　　　　 刘士琳　刘文辉
　　　　 孙建军　李相梅
　　　　 李艳萍　杨九屹
　　　　 谷艳秋　陈亚南
　　　　 隋　军　韩志国

目录
CONTENTS

◎ 012　承父命致力于学业
　　　　少立志自修通英语

◎ 026　为国出使忠心耿耿
　　　　铁面无私屡拒私情

◎ 037　不惑之年梦想成真
　　　　赴任途中初试锋芒

目录
CONTENTS

不畏强权虎口夺食
机智善辩忠心报国　　050◎

智勇双全力抗侵略
不败而败无奈受辱　　094◎

有生之年鞠躬尽瘁
死而后已万古流芳　　116◎

承父命致力于学业
少立志自修通英语

1839年，曾纪泽出生于湖南湘乡，他的父亲就是清朝军事家、理学家，曾残酷镇压太平军起义的曾国藩。

曾国藩，字伯涵，谥文正，晚清重臣，湘军的创立者和统帅，官至两江总督、直隶总督、武英殿大学士，封一等毅勇侯。他倡导洋务运动，创立湘军，在治家、治军、治国、教育等方面都有重大建树。

孩提时代的曾纪泽聪明伶俐，勤奋好学，对中国传统的文化知识如诗书典章等反复练习、诵读，练就了过硬的文化基础本领，为以后从事外交工作打下了坚实的基础。

为了教育后代，曾国藩将其湖南双峰县荷叶镇所建的住宅命名为"富厚堂"，宅内有一"八本堂"，厅内悬挂曾国藩所书"八本堂"黑地金字匾额，字下是曾纪泽用隶书所写其父的"八本"家训："读古书以训诂为本，作诗文以声调为本，事亲以得欢心为本，养生以少恼怒为本，立身以不妄语为本，居家以不晏起为本，居官以不要钱为本，行军以不扰民为本。"这"八本"体现了曾氏为人、教子的核心思想。

在持家教子方面，曾国藩主张勤俭持家，努力治学，睦邻友好，读书明理。他希望后代兢兢业业，努力治学。他常对子女说，只要有学问，就不怕没饭吃。

一次，曾纪泽因看到和自己年龄相仿的小伙伴们先后几年间都通过科举而当了官，就给在外任职的父亲写信，征求他的意见，问自己是否也该报考科举以谋求一官半职。

曾氏故居内的"八本堂"匾额

曾国藩在回信中，却再三告诫曾纪泽及其他兄弟，说："一般的人都希望自己的子女成为大官，而我却不这样，我希望我的孩子都成为读书明理的君子，勤劳俭朴，能吃苦。由于银钱田产，最容易使人生长骄奢之气，所以，我不希望你们过早地走上仕途。你们只有和寒士一样衣食起居，才可以成为有用的人才，断不可以沾染上富贵习气。"曾纪泽牢记着父亲的教诲，一直潜心学习，直到父亲去世后才继承爵位步入仕途。

1840年鸦片战争以后，中国的大门被打开了，随着外国侵略的深入，西方文化也被大量地传到了中国。当时一些有思想有见识的中国官僚主张向西方学习，"师夷之长技以制夷"，到了19世纪六七十年代，洋务运动在曾国藩等大官僚的倡导下，在一些地方创办起来，被当时人们称为"西学"的西方文化也随之被广泛地应用。

在曾国藩的书房里，有很多关于西学的书籍，曾纪泽总是向父亲借来阅读，这样，由于受到父亲的影响，到了青年

曾纪泽曾研读过的《代数学》《微积溯源》等书影

时代，曾纪泽就已经学习了近代数学、热学、光学、化学和机械学，并且初步进行了一些研究。

在曾纪泽26岁那年，伟烈亚力和李善兰继续利玛窦和徐光启的事业，把数学家欧几里得写的《几何原理》一书全部翻译成中文。这对中西文化交流有重要的意义。曾国藩为这部译著校刊。为了检测一下曾纪泽学习西学的成绩，曾国藩决定让曾纪泽用自己的名义给这本书写序。

一天清晨，曾国藩差人把曾纪泽叫到自己的书房，对他说："泽儿，你对数学有了一些了解了吧？"

曾纪泽回答说："只是略知一些皮毛，今后还得再努力研究。"

"我这里有一部关于数学方面的译著，我想让你用我的名义写一序，你看怎么样？"曾国藩说完，就把《几何原理》递给了他。曾纪泽接过书，用征询的眼光看着父亲，说："我能行吗？""我看你试试吧，不试，怎么能知道自己不行呢？"父亲鼓励他说。曾纪泽回到自己的房里后，仔细地研究了译著以及和中国数学相比的优长和缺点，很快地写出了序，并在序中实事求是地指出了欧洲数学比中国古代算法的长处。曾国藩看了这篇序文后，很满意，并在文后写了批语，称之为"文气清劲，笔亦足达难显之情"。不难看出曾纪泽在"西学"方面有一定的研究。随着年龄的增长，所学的知识越来越丰富，在曾纪泽的心目中，对西学产生了浓厚的兴趣。凡是西学中比较先进的东西，只要听说了，就要设法去了解它，研究它。

有一回，父亲从两江总督府回家后，

曾国藩像

清代制作的地球仪

对孩子们说："你们有没有听说过地球仪？"孩子们都摇头。

父亲又说："今天，制造局的人制造了一个大地球仪，安放在两江总督府的大厅里，你们不想去见见吗？"

曾纪泽一听，马上说："我们以前没有看过地球仪，它到底是什么样子，我真想见一见。"

小妹妹纪芬立即嚷嚷起来："我也去，我也去。"

父亲接着说："今天府衙已经关门了，明天我带你们去。"兄妹俩听后乐得合不拢嘴。

第二天，小纪芬早早地梳洗完毕去找哥哥，然后两人随着父亲一起去两江总督府。

到了府衙大厅以后，只见正中放着一个直径两米左右的大地球仪，球面上有花花点点的图案，曾纪泽凭着自己以往所学的地理知识，给小妹妹讲解。

小纪芬老是不停地问："这是哪儿呀？离我们这里远不远呀？那么远我们怎么去呀？"

曾纪泽仔细地看着地球仪，生怕漏掉一个小岛屿。他边看边对坐在一边的父亲说：

"父亲，如果可能的话，我将来要到地球的另一边去，到那里，为自己的国家效力。"

曾氏故居内的藏书楼

曾国藩的藏书十万册，曾纪泽藏书十万册，共二十万册，为我国私人藏书之最。

小妹妹纪芬一听,眼睛瞪得好大,瞅着哥哥说:"地球的那一边离我们这么远,怎么能为国家效力呢?"

曾纪泽笑着对小妹妹说:"当驻外大使啊!在国际上为国家争得权益,那岂不是更有意义吗?"

父亲听了儿子的话,赞许地点了点头,说:"只是外交官的路可不是那么好走的。俗话说,'弱国无外交'。如今我们大清朝虽说看上去很强大,可实际上是处处受制于外国列强,圣上和皇太后就怕与外国开战,一开战,肯定又是屈辱的割地、赔款。没有强大的后盾,外交官在前方争国格、争权益又谈何容易。"

听了父亲的话,曾纪泽更激动了,用手抚摸着地球仪上中国的版图,说:"正是因为外国列强欺侮我们,我才要去做一名外交官,在谈判桌上为国家争权益,如今我们国家真正的外交官太少了。"

"我很赞同你的这个想法,不过,要当外交官,光有热情不行,还必须要学好外国语,这就等于当兵的上战场打仗一样,没有枪怎么去打仗呢?"父亲说。

"父亲所言极是,我一定会把外语学好的。"曾纪泽说着暗暗下定了决心。1872年,年迈的曾国藩因病去世了,曾纪泽悲痛万分,他把父亲的灵柩护送到老家湖南安葬,并在那里为父亲守墓。在那悲痛的日子里,曾纪泽思绪万千。他想,既然自己已定下了将来的理想,又

得到了父亲的同意，为何不利用守墓三年的时间来学习英文呢？在当时，西方国家语言传到中国，被利用得最多的就是英语了。

主意一定，曾纪泽马上行动起来，出去找外语书和会外语的人。可是找了几天，才在附近一个教堂里找到了一部英文字典和一本英汉对照的《圣经》，连一个懂外语的人也没有。当时中国人对西方社会了解很少，通晓西方语言的人更是寥寥无几，处理外交事务大多要借助于通商口岸的买办以及北京同文馆和上海同文馆出身的翻译，或者各国在华传教士。曾纪泽在当时是"以世家大员子弟而存志学习西方语言的第一人"。

曾国藩故居占地六十余亩，建筑面积一万余平方米。它由思云馆、毅勇侯第前门、宅东门、宅西门、全宅围墙、宅南藏书楼、宅北芳记书楼、八本堂、缉园十景等组成富厚堂建筑群，当地百姓称之为"宰相府"。

富厚堂内曾纪泽的卧室

　　曾纪泽学习英语的环境很不好，那时湖南境内精通英语的人才很少，曾纪泽只能采取自学的方式，手中常备英文字典，每天常读不懈。因为大多数士大夫，只知道读中国传统的儒家经典著作，根本不晓得还有别的什么书籍，谁要是说洋话，写"旁行斜上"的洋文，就要被认为是大逆不道，是儒学的耻辱。尽管如此，曾纪泽可不在乎什么"大逆不道"，虽然这一年他已过了而立之年，已33岁了，但他要学习英文，决心要掌握研究西学、走向世界的语言工具。

　　没有教师、没有教材，没有能够帮助他的人，这一切都没有难倒曾纪泽，他为自己制订了详细的学习计划，每天早晨天刚一亮就起床,夜里直到半夜才休息,每天都是把自己关在书房里,靠着一部英文字典和一本英汉对照的《圣经》,将汉语的"双声、叠韵、音和"等的形声训诂之学和"泰西字母切音之法"互相比较,进行研究,慢慢地,就能够理解英国的语言文字了。

青年曾纪泽

学习入了门,可是人也累瘦了,他的夫人看着他整天学呀学的,口里不停地叨咕,以为他学得入了魔,就劝他:"你都三十多岁的人了,还费这个脑筋干啥?不如求个一官半职算了。"曾纪泽笑了笑,说:"人活着,不管多大岁数都要学习,累掉一点肉不算什么,还可以再长嘛,可是,夫人哪,如今我们大清朝缺少外交人才,在与外国人打交道时总是吃亏,不会说人家的话又怎么能和人家打交道呢?"

他的夫人心疼地说:"我知道你有远大的抱负。可是身体垮了,你也将一事无成啊!看你,都累成这个样子了,也不知道爱惜身体。"

他感激地看着夫人，想到她为了自己，经常陪读到深夜，还不时送来一杯醒神茶，心里十分感激，躬身施礼道："多谢夫人，以后我一定注意就是了。"

有时，为了能熟练掌握一个句子或单词，曾纪泽反复琢磨推敲，甚至要耗费几天的时间。就这样，寒来暑往，曾纪泽以惊人的毅力和勤奋，用5年的时间基本掌握了这门外语。

曾纪泽从小国学基础打得好，长大后又广泛涉及西方文化，精通外语，是清朝少有的学贯中西之人，他对如何认识中国文化与西学有着独到的见解。他认为学外

富厚堂内一景

文必须先"通华文",只有精通中国的文化,才能掌握中华民族博大精深的优秀文化,才能成为有民族气节、利于国家的人才,如果"专攻西学,不通华文,鉴其貌则华产也,察其学术情性,无异于西洋之人,则其无益于国事"。对于有学识有民族气节的人不学外文,他认为也不应该,那样一旦朝廷有事,得不到有学问品德好的、能够在谈判中制服对方的人才,就会寻找那些庸俗的只会做买卖的人,这样的人不懂礼仪诗书,唯利是图,极不利于国家外交事务。从这些话里我们可以看到曾纪泽的一片爱国之心。

1877年,曾纪泽以长子的身份承袭了曾国藩的侯爵爵位,并进京觐见皇上谢恩。在北京期间,他所下榻的旅馆和西方各国驻京使馆相邻,英国驻京使臣听说曾纪

泽在湖南湘乡自学英语达到通晓的程度，不相信是真的，说："世界上哪能有这样的事情，没有人教、没有教材竟可以学会一种语言？"于是他抱着怀疑和好奇的心理，到曾纪泽住的旅馆拜访，以试探曾纪泽的英文水平；曾纪泽也是第一次用英语同别人讲话。当英国使臣到来时，曾纪泽竟能很流利地用英语向他们问好，并同他们交谈。英国使臣眼见为实，说道："世界上真有这样的奇人呀！"纷纷竖起了大拇指，称赞曾纪泽英语说得好！

此后，同文馆（清朝第一所外国语学校）内英、美籍教师丁韪良、艾约瑟、医生德约翰等人都成了曾纪泽住处的常客，他们很快成了朋友。交谈中，曾纪泽的英语水平得到了进一步的提高。现在，在英国伦敦博物馆中保存着一把曾纪泽自作自写中、西诗文的"中西合璧诗扇"，这是他赠给外国朋友的礼物，由此，叮以看出他的英文水平是很高的。曾纪泽会讲英语，很快就在京城传开了，尤其当皇上和皇太后听说后，更是非常高兴。当时正值中国边疆出现危机之时，朝廷正愁没有合适的人选派为公使。朝廷派出的第一任驻英法公使郭嵩焘已经年迈，身体又不好，虽有很强的爱国心，但实在是力不从心了。在这种情况下，朝廷决定派曾纪泽作为清政府第二任公使出使英、法两国。

为国出使忠心耿耿
铁面无私屡拒私情

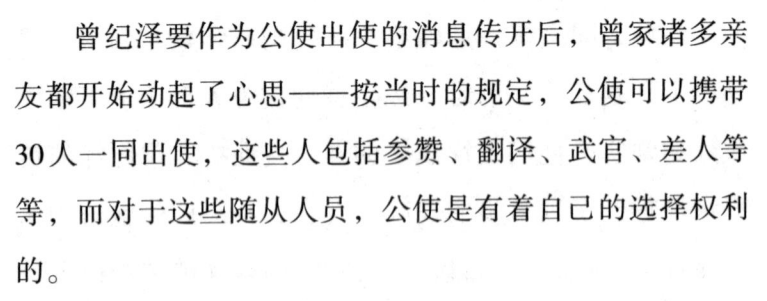

曾纪泽要作为公使出使的消息传开后，曾家诸多亲友都开始动起了心思——按当时的规定，公使可以携带30人一同出使，这些人包括参赞、翻译、武官、差人等等，而对于这些随从人员，公使是有着自己的选择权利的。

曾纪泽首先选了二妹曾纪曜的夫君——陈远济作为自己的参赞官。曾纪泽此举并非徇私。陈远济是个秀才，凭着自己的学识，一直在大户人家坐馆谋生，大家闺秀曾纪曜嫁给他后也是洗净铅华，亲自操持家务，曾国藩生前曾想在钱财上帮衬他们，夫妻二人拒不接受。一家人日子过得虽不富贵，却也甚是和美。曾纪泽欣赏陈远济的气节和学问，这次出行前第一个想到了他。

曾纪泽把这个想法和夫人商量后，夫人也十分赞同，但同时夫人也提出了一个要求：她希望曾纪泽这次出行可以把大女儿和女婿都带上，而且还得给女婿杨幼仙谋个正经差事。

说起这个女婿杨幼仙，真是一直令曾纪泽头疼不已的人物。杨家是长沙的一大富户，世代行商，杨幼仙也是当时大家子弟中的佼佼者，当初曾家对这门亲事是十分满意的。但没想到的是，后来杨幼仙开始迷上了吸食鸦片，不务正业，对曾广璇（曾纪泽长女）也是恩爱不再。

曾纪泽夫妇一直为广璇的这个夫婿苦恼，这次曾纪泽出国，夫人便想借这个机会带上杨幼仙，一是给他些历练，再者希望借此机会让他出人头地，希望他心怀感激，日后能对广璇好些。

夫人的考虑曾纪泽是明白的，他左思右想后，长叹了一声说道："此举不可行！幼仙在国内，丢的是杨家的人、曾家的人，但出去了，若把脸丢在了外国，那伤的就是大清国的脸面，万万不可，我决不能答应！"夫人听了这番话，理解了曾纪泽的苦

老照片记录的曾纪泽女儿婚礼

同文馆旧址

衷,虽然心疼女儿,但也只好作罢了。

接下来曾纪泽又亲自到同文馆挑选了几名精通英文和法文的人,让他们作为翻译同自己一道出使。咸丰十年(1860)清政府成立总理各国事务衙门,作为综理洋务的中央机关。同时恭亲王奕䜣等人建议在总理各国事务衙门下设立同文馆。同文馆是清代最早培养翻译人员的洋务学堂和从事翻译出版的机构。曾纪泽将英文翻译定为左秉隆,法文翻译定为联兴。

这时曾纪泽又接到了一封来自上海的来信，写信的是他的妹妹曾纪芬和妹婿聂缉椝。信中说，曾纪芬夫妇听说兄长可以出使英法，实在高兴，觉得兄长终于有了一展抱负的机会。随后又提出，听闻随行的官员可以由公使自己决定，所以聂缉椝想和兄长一同到外国去历练几年，想来兄长也不会拒绝，等等。

聂缉椝是曾国藩生前好友商州知府聂亦峰的长子。聂缉椝虽然出身官宦之家，却不喜诗书，好在为人聪敏，极具经商天赋，又肯吃苦，在商场经营了不长的时间就为自己积攒了数十万的家私。当时曾国藩夫妇正为曾纪芬的亲事张罗。曾纪芬的几个姐姐，除了纪曜外，其他几个婚后的日子都不美满。到了曾纪芬要出阁的时候，曾国藩对这个女婿的选择也就格外慎重。聂家这时向曾国藩提亲。聂缉椝虽然不爱读书，但聪明会做生意，又是曾家老友的孩子，这很不

曾纪芬像

错。但曾国藩毕竟没有现实接触过聂缉椝，不了解他的人品性情究竟如何，因此一直拿不定主意。最后聂家还是郑重地请了左宗棠做媒，才把这门亲事敲定。

　　不久，曾国藩夫妇相继去世，曾纪芬一直等到孝满才嫁入聂家。新娘过门才三个月，聂缉椝瞒着母亲和妻子，在外又娶了一个小妾。虽然这名小妾很快被聂家老太太发现并轰了出去，但这件事对曾纪泽的打击很大。他觉得父母为小妹慎重挑选的夫婿，也不是那么令人满意。好在聂缉椝在商界的事业蒸蒸日上，曾纪芬的生活十分富足，也弥补了曾纪泽内心的几分遗憾。

　　但是现在聂缉椝提出要和曾纪泽一起出使外国，曾纪泽却决不肯答应。聂缉椝背着母亲和妻子纳妾的事，

曾氏故居内的厅堂

晚年的曾纪芬与聂家众子孙

使他在曾纪泽心中的形象大打了折扣。更重要的是，曾纪泽牢记父亲生前的教诲：做官的人要想廉洁清正，就不能和生意二字搭界。若和生意搭界，脑子里惦记着钱财二字，操守再好的官，心性也要变坏。

曾纪泽很快给妹妹和妹婿各自写了一封回信，回绝了他们要跟随出洋的要求。在给妹婿的信中，他叮嘱聂缉椝要好好做生意，不要存其他幻想，相信凭他在制造局的几年历练和本身的经商天分，一定能成就一番大事业。

曾纪芬夫妇的事情刚告一段落，总理各国事务大臣、内阁大学士宝鋆又找上了曾纪泽。他言辞恳切地对曾纪泽说道："劼刚，老夫找你是为了我那个混蛋儿子。你是

知道的，我早就为他捐了个四品的官，可放哪儿他都不去，非得在北京靠着我。他最近也不知道在哪知道的消息，说你要出洋，也闹着非跟你一起出去。哎，我总不能养他一辈子，出去见识一下也不是坏事。所以，我就厚着老脸来求你了。副参赞、通事之类的官儿，你就看着给吧，我绝没二话，他要是敢跟你拿大，我也绝不饶他。只望你看在我这张老脸的份上，让他有机会跟着你学点东西就行。"

曾纪泽略一沉吟，答道："世伯无须如此客气，世兄肯来帮我一把，是我的运气，也绝不敢拿些低微的职位屈就了他。这样吧，您老改日让世兄来我这见一面，我找机会上奏朝廷，让他做个副公使，您看如何？"宝鋆听了大喜，连声道谢着去了，说明日就让儿子来拜会曾纪泽。

宝鋆的儿子景澧，是当时北京城里人人皆知的纨绔子弟。他仗着宝鋆的名头，卖官售爵，又极其贪财，无论事情办不办得成，到手的银子绝不肯再吐出，

宝鋆像

因此名声极差。景澧还爱玩蛐蛐,简直到了痴迷的地步,算得上个"标准"的纨绔子弟。此外,他还沉迷女色,自己在外娶了九个女子,不分大小妻妾,乱成一团,令宝鋆头疼不已。

曾纪泽出使英法,景澧最初知道时并不在意,后来他听一位和他一起玩蛐蛐的公子讲,"搞洋务可以发大财"。一句不知首尾的话,让这个财迷听得满心欢喜。他立马找到宝鋆,向他保证自己以后再也不玩蛐蛐了,要做正经事,要跟着曾纪泽出洋去历练历练。宝鋆以为儿子浪子回头,欣喜不已,当下就来找了曾纪泽。

宝鋆走后,曾纪泽沉思起来。宝鋆是朝廷重臣,是恭亲王奕䜣的心腹,得罪不得,但景澧这样的纨绔子弟带出国去,必定后患无穷。曾纪泽几经思量,一夜都没

清乾隆年间粉彩花卉蛐蛐罐

有睡好。

　　第二天一早，景澧便到了曾纪泽府上。以礼相见后，曾纪泽把他让进了书房，客客气气地敬上了茶后，曾纪泽开口了："世兄，为了国家为了百姓，你肯抛下家业、不再享乐，到国外去吃苦，实在是我大清的福气。"

　　景澧闻言大吃一惊——这和自己打听的"搞洋务发大财"好像有些出入啊，他急忙问道："老弟，我可是听说在国外赚银子是很容易的，你怎么却说出去是要吃苦的？"

　　曾纪泽闻言笑道："世兄是真的不知外国的情形，还是有意打趣儿？就说英国吧，咱中国人到了他那里，除

清朝官员的会客室

非是有郑重事情，否则是不准轻易出公使馆的，有不听、违反他们法令的，严重的也要一律处以斩刑。还有吃食一项，公使馆不准自己起伙，要由他们做好了送进来，而且是他们做什么我等就得吃什么，不准择食，有敢露出怨言的，他们的警察就要将人绑走送进大牢里去反省。以上种种，公使也不能幸免。世兄，为弟的是不敢抗旨，而世兄则是自愿去那里的。为弟的不仅仅钦佩，真恨不能即刻上折，将公使一缺让给世兄呢！"

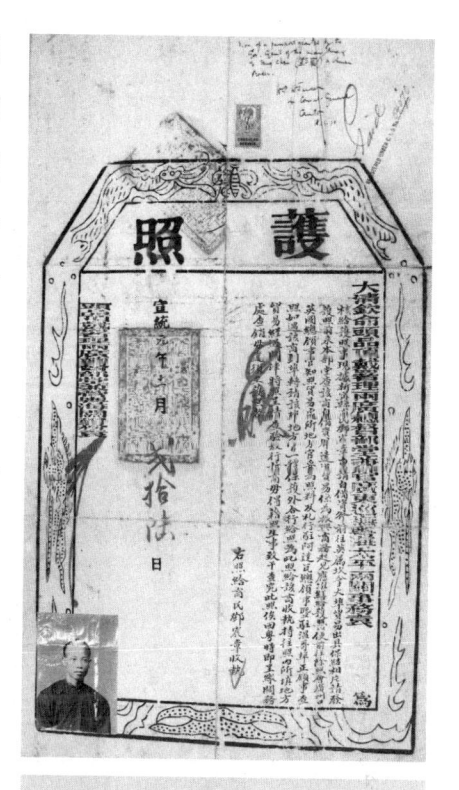

清朝护照

曾纪泽又正色道："你我到了国外，洋人做的饭食如何能饱腹啊！带别的吃食易腐烂，只能带几袋子炒面聊以解饥而已。世兄啊，你别的大可不用张罗，炒面一项是断断马虎不得的，一定要带两袋子。为弟的读了十几年的洋书，那里的情形休想瞒得了我。世兄，你也回去

备炒面去吧,午后你我就要带部分随员赴天津。"

　　景澧没等曾纪泽把话讲完慌忙站起身道:"想不到外国人如此折磨我等,为兄现在就回去准备炒面去。"景澧慌忙道了个别,一溜烟去了。送走景澧,曾纪泽长出一口大气,他知道这个大少爷是被他吓唬住、不会再缠着一起出洋了。

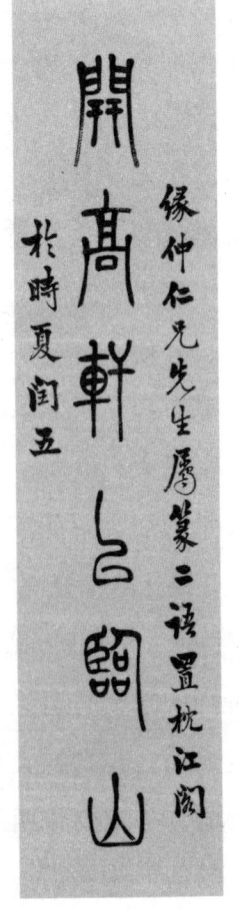

曾纪泽手书六言对联：开高轩以临山，列绮窗而瞰江

不惑之年梦想成真
赴任途中初试锋芒

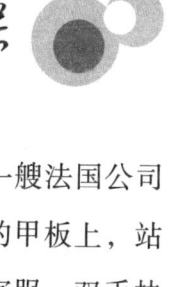

1878年秋季的一天，天空白云点点，一艘法国公司的轮船行驶在波涛汹涌的海面上。在船头的甲板上，站着一位身材魁梧的中年男子，他身穿清朝官服，双手扶着甲板的栏杆，紧锁双眉，炯炯有神的目光凝视着遥远的天际，似乎在思考着什么。他就是清政府派往英、法两国的第二任公使曾纪泽。此时此刻，他的心情也和这翻滚的波涛一样，无法平静……当派他为出使英法大臣的消息传来时，曾纪泽万分激动，当时他只有39岁，刚接近不惑之年，正是人一生中年富力强、大展宏图的时候。他怀着"为国家办事""替国家保全大局"的耿耿忠心，赋诗言志：

仓卒珠盘玉敦间，待凭口舌巩河山。

珠盘和玉敦都是古代诸侯会合时用的礼器，这里指各个国家。这首诗的意思是指他仓促地接受了出使英法的任务，决心要凭着自己的口舌，在外交场合上保卫国家的大好河山。这也正是他由来已久的夙愿。

临赴任前，慈禧太后在皇宫的养心殿东间召见了曾纪泽。曾纪泽衣帽整齐来到养心殿，先是跪谢天恩，然后再免冠叩头，之后走到铺垫前跪下聆听圣训。

太后先问了一些路途中的安排，然后又问："听说你外国语学得很好？"

曾纪泽回答说："臣只是略识英文，略通英语，都是从书上看的，看文字比较容易，听还比较困难，因为不常说所以不熟练。"

故宫养心殿东暖阁

太后又问:"既然你懂英语,就很方便了,是不是与外国人交往就可以不需要翻译呢?"他回答说:"外交官办外交和翻译外语不是一回事。办外交,要紧的是要熟悉条约,熟悉国际公法,不必侵占了翻译的职权。臣将来在和外国人谈论公事的时候,即使语言已懂,也要等候翻译传述。一则朝廷的体制应该是这样的,二则也是在翻译的过程中,借着停顿的时候,思考应答的词句。英国公使威妥玛,会说汉语,但他谈论公事的时候却一定用翻译官进行翻译,就是这个意思。"

慈禧像

太后说:"办洋务是非常不容易的。"

他答道:"回太后话,据臣所知,现在的李鸿章、沈葆桢、丁宝桢、左宗棠均系忠贞体国之臣,都很能办洋务。"

太后道:"他们都是好的,但都是老班底。这些人都是你父亲培养出来的,新的都赶不上。"曾纪泽道:"回太后话,郭嵩焘总是正直之人,只是办洋务不甚知人,又性情偏急,是其短处。此次朝廷将他召回,其实他也是拼却声名,替国家办事,将来仍求太后、皇上恩典,始终保他个完局,也算体恤他办洋务的难处。"

这里提及的郭嵩焘,是湖南湘阴人,1877年至1878年任清政府驻英法公使。使外期间,他认真考察西方"朝廷政教"和历史文化,有六十万言记述,得出"西洋国政一公之臣民,其君不以为私","中国秦汉以来二千余年,适得其反"的结论。

他是晚清第一个正式领衔出使西方、真正走向世界的中国人,即中国第一位驻外公使,也是中国近代洋务思想家、中国职业外交家的先驱。郭嵩焘对西方的观察,超越了他的时代,主张却不容于当世,晚景甚为凄凉——他的临终名言为:"流传百代千年后,定识人间有此人。"

清第一任驻英法公使——郭嵩焘

清朝时期驻中国的英国公使馆

慈禧太后点点头道:"上头也深知道郭嵩焘有时办事虽然糊涂,却是个好人。他出使之后,替国家办的事情也不少。"慈禧太后重重叹了口气,无可奈何道:"他挨一些人的骂也挨够了。"

曾纪泽道:"回太后话,郭嵩焘恨不得中国即刻富强起来,使外洋不敢正视。他因为常常拿这种想法和人争论,别人争不过他,所以就骂他,但他确实是一个忠臣。

好在太后、皇上知道他,他就算拼了声名,也还值得。"慈禧太后摆摆手道:"郭嵩焘的事就不说了,我们都知道他,王公大臣等也都知道。"

曾纪泽接着回答说:"办洋务的难处,根本的在于外国人不讲理,以强权欺侮我们,而偏偏我们中国人大多数却看不到这种形势。中国人恨洋人这不用说。但要紧的是要发奋图强,只有自己国家强大了,才能解决不受欺侮的问题,否则光凭烧毁一个教堂,杀死一个洋人根本不能解决问题,反而还会招惹事端。可惜中国大多数人却不明白这个道理。"

太后听了曾纪泽的话,很同意他的看法,说:"你说的很对,外国人欺侮我们,这个仇一天也忘不了,只是自强还得慢慢来,绝不是杀一个洋人,烧一间洋房就算报了仇。"又说:"我们国家明白这道理的人少,你为国家办这些事情,将来那些顽固的人一定有骂你的时候,而你却要任劳任怨,真是难为你了。"

他为太后能这样体谅他,很感动,说:"作为臣子,为国家尽忠,乃是常理。在如今这种形势下,为国办理外交事务,必须把名声看得很轻,才能替国家保全大局,为国家办事,即使被人骂又算得了什么呢?"

太后召见后,曾纪泽的心情更加沉重了,报效国家、使国家富强起来的愿望更强烈了,带着这种愿望,曾纪

曾纪泽像

不畏列强勇捍主权的外交家曾纪泽
BU WEI LIEQIANG YONG HAN ZHUQUAN DE WAIJIAOJIA ZENG JIZE

中华爱国人物故事
ZHONGHUA AIGUO RENWU GUSHI

泽开始了他的外交官生涯。在赴任途中，曾纪泽就展示了他的外交才能。

轮船行至上海后，停泊数日，曾纪泽一行做最后的准备工作。在上海，驻有各国的领事，按国际通例，曾纪泽先派参赞去拜见，然后，各国领事再来拜曾公使，公使再回拜。

其中英国领事达文波，以前曾经和曾公使有过一面之交。按国际通例，曾公使马上派参赞去见达文波。

可是，达文波见到曾公使派去的参赞后，不提自己何日回拜曾公使，反而趾高气扬地问参赞："你们曾公使哪一天来拜见我呀？"他想趁曾公使还没有到任之前，就杀一杀曾公使的锐气，给他来个下马威。

参赞按国际通例告诉达文波："在你拜见我们曾公使后，他方可以回拜你。"

达文波一听，满脸的不高兴，说："中国不是

> 作揖是清末人们见面礼节之一，将双手举到额头前面，以示对别人的尊重。

有行客拜坐客的礼节吗？他为什么不来先拜见我呢？"

参赞回答说："如果是平常理应如此，不过曾公使此次是赴任，代表大清国家。"达文波气呼呼地没有再说什么。第二天，他给曾公使写来一封书函，信上说："承蒙贵参赞来拜，本领事当在×日派遣副领事官××前去答拜。"

打拱是清代常见的见面礼节。

参赞看后，气愤地说："这不是故意欺侮人吗？明明是应该他来回拜，却派个什么副领事官来。"

曾公使看后，笑着说："这没有什么了不起，我们以其人之道还治其人之身，他对我无理，我们也可戏弄他。"于是，曾公使提笔书写一封回信，上写："承蒙你派遣副领事官××来答拜，本大臣特派参赞官在住处恭候。"

到了那一天，达文波果然派了副领事官司格达前来答拜，并说："我要拜谒你们公使大人。"下人把司格达的话回报曾公使，曾公使令手下人对司格达说："如果你

是来答谢前日参赞之拜的,那么参赞已等候多时了,这是前几天给你们的信函这样约定的。如果是你自己忽然想要拜见公使的话,公使生病未好,恕不接待。"司格达见无计可施,只好怏怏地走了。

达文波听了司格达的汇报后,气急败坏,暴跳如雷,恨恨地说:"一个被我们大英帝国打败了的清国的小小公使,竟如此狂妄,等着瞧。"于是他向司格达面授机宜,让他去各国领事那里,告诉他们不要先来谒见曾公使。

然而达文波的诡计没有得逞,法国领事对达文波的做法坚决不从,因为法国是注重礼节的,所以他先来拜谒曾公使。其他的各国领事一见法国领事按国际通例办事,都怕被达文波所误,因而相继前来拜谒。并纷纷指责英领事达文波妄自尊大,不讲国际通例。达文波见自己偷鸡不成反蚀把米,又听到各国领事的责难,觉得无颜再见曾公使,推说到镇江游历去了,始终未前来

这是1898年戊戌变法之前,光绪皇帝接见外国使臣的仪式。

清代官员出巡

拜谒。隔几日，英国领事公署的另外两位领事施本思、禧在明见达文波不好意思去拜见曾公使，只好二人一起来拜谒。在礼节上争取主动后，曾纪泽才专程到英领事公署回拜施、禧二人，并对他们说："我和达领事本来是相识的，如果以朋友关系来说，我先拜见达领事本无不可。只是现在达领事在礼节上故意责难我，领事先见公使，是万国公法的通例，我不敢违背通例而去先拜见他。"施、禧二人无话可说，只是一个劲地说："是，是。"

在返回的途中，曾纪泽的随从竖起大拇指，说："曾大人，你真行，一向跋扈惯了的外国人，在你面前今天也无话可说了。"

曾公使正色道："一个国家有自己的尊严，我们是代

曾纪泽书法扇面

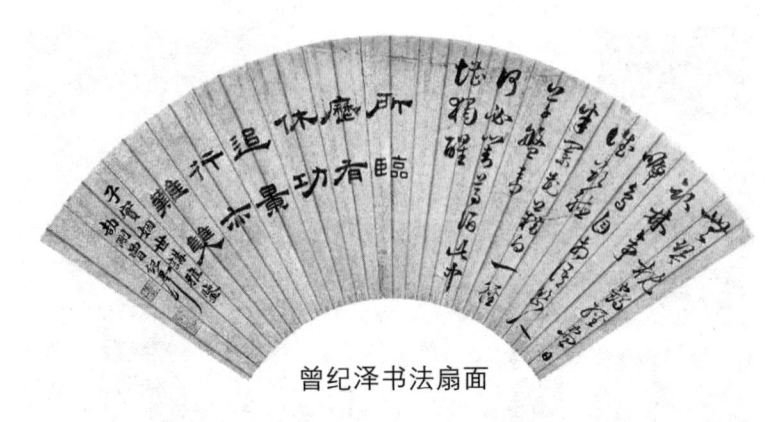

表着自己的国家的，必须维护她的尊严。一个国家也好，一个人也好，不自尊自爱，别人就会瞧不起你，你们以后跟我在外，一定要注意这一点。"

轮船从上海启程后，即遇到了飓风，风浪险恶，船身摇晃得很厉害。由于曾纪泽一行人多半第一次出远洋，个个晕船，折腾得够呛，经过几天时间风雨才停，又走了七八天，到了新加坡。曾纪泽率夫人下船前往总督署拜谒总督及夫人。可当曾纪泽他们离开新加坡时，新加坡的总督不但没有对曾公使拜谒进行答拜，也没有在他们起航时鸣炮欢送。

这时有一个同乘一船的英国人见没有鸣炮欢送，就问曾纪泽，说："新加坡总督失礼于你，而你却不生气，这是为什么？"

曾纪泽泰然地回答说："公使经过的地方，其不能放炮以示相送的很多。一般地说，必须有总督、提督后才可以放炮，没有总督、提督的地方就不放炮。然而放不放炮，并不只是公使的权利，也是总督、提督的权利。现在新加坡总督不放炮以示相送，则是他自己放弃其权利。我则视为新加坡没有总督，就这些，我为什么要生气呢？"

曾纪泽巧妙机智的回答，使那个英国人张口结舌。

曾纪泽隶书四屏

不畏强权虎口夺食
机智善辩忠心报国

1878年8月,曾纪泽开始出任中国驻英法大使,从此开始了他的政治和外交生涯。

曾纪泽到任后,对英、法等国的政治、社会制度等进行了多方细致的考察,探求各国富强的原因,并结交了各界人士,同时把中国的书画、音乐等传统文化介绍给他们,让他们了解中国、熟悉中国,以提高中国的知名度。

曾纪泽出使英法的任命发布后,各国驻华使节和在华洋人对他进行了评价。美国公使何天爵高度评价了曾纪泽的英文水准,还强调曾纪泽的出任是"最适宜的一项选择,对于未来的中外关系,必有良好的效果"。英国在华官方性质的《北华捷报》特别发表社论,认为"曾侯之被派使英,实为最佳人选",又说他"就个人的业绩而言,固然尚无表现,但从他温婉率真的性格来看,可以预料，他将能成功地应付未来的难题"。

1878至1885年，曾纪泽活跃在外交舞台上，正如他所说："办洋务的难处，在于外国人不讲理，中国人不明时。"

在出使西方过程中，曾纪泽深感"万国深经奇世界，半生目击小沧桑"。更多地接触到西方近代科学文化和政治思想后，大开眼界的他赋诗云："九万扶摇吹海水，三千世界启天关。从知混沌犹余窍，始信昆仑别有山。"

随着对西方国家了解的日益加深，曾纪泽对国际关系以及西方列强对华态度的认识也比较透彻。当时洋务派中不少人坚持"以夷制夷"，甚至"联英制俄""联俄制日"。对此曾纪泽一针见血地指出："西方各国虽外和内忌，各不相能，而于中华，则独有协议谋我之势。何也？一邦狄利，各国均沾。"因此，他认为："邦交不可以常恃。"

就是说，曾纪泽已经认识到西方列强

美国白宫草坪上的清朝外交官

联合侵华的性质，因此在与他们交涉的过程中，他是当时少有的、对列强不抱幻想之人，比当时一些崇洋媚外的洋务派要高明。

同时他也认识到，对西方列强不能"援尊周攘夷之言以鄙之"，也不能"自持中华上国而欺凌远人"。这一点，他也比同时期故步自封、沾沾自喜、冥顽不化的顽固派要明智。所以在对外交涉中，他据理办事，不卑不亢，得到了中外有识之士的赞赏。郭嵩焘就曾称："劼刚与洋人周旋，能存敬慎之心，是以所往皆宜。"

可以说，各国对曾纪泽出使英法反映很好，但这并不妨碍在以后的外交事务中，曾纪泽为了中国的利益与他们进行针锋相对的斗争。

在出使西方的期间，曾纪泽看到西方国家在公共礼仪场合上演奏国歌，甚为羡慕和感动。他觉得中国也应当有自己的国歌，于是上奏朝廷，呈上自己拟就的《国乐草案》，并谱写了名

清朝驻华盛顿公使馆（1900年前）

曾惠敏公诗集

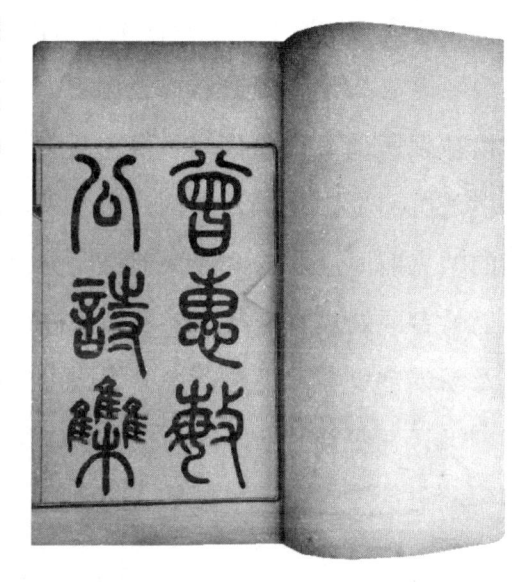

叫《普天乐》的歌曲，在海外外交仪式上曾作为清朝国歌演奏。

这首《普天乐》的词曲没有明确的记载，很多人推测它并没有词，只是一首曲子。曾纪泽曾将其作为"国乐"的草案上呈朝廷，但没有得到朝廷的批准，不过在海外这首曲子已被当作国歌来演奏。由于曲子节奏过于缓慢，因而经常受到批评。但曾纪泽确实是最早倡议清政府确定国歌的第一人。

正当曾纪泽顺利开展工作的时候，传来了圣旨，朝廷决定派他兼任驻俄公使，赴沙俄重开谈判，修改《里瓦几亚条约》。

《里瓦几亚条约》是清钦差大臣崇厚慑于沙俄的淫

威，在沙俄的诱迫下擅自与沙俄签订的丧权辱国的条约。条约中规定："沙俄交还伊犁及附近九个城镇；但中国要赔偿沙俄所谓'代收代守'伊犁兵费500万卢布（折合白银280万两）；中国还得割让霍尔果斯河以西及伊犁南境的帖克斯河流域的大片领土给俄国，对喀什噶尔及塔尔巴哈台两处边界作有利于俄国的修订；俄国商人在蒙古及新疆全境贸易免税；增辟俄国由中国西北地区至天津、汉口、西安的陆路通商线路；俄国在嘉峪关、乌里

伊犁风光

"不到新疆不知中国之大，不到伊犁不知新疆之美"。伊犁州地处祖国西北边陲、新疆西部，西面与哈萨克斯坦接壤，边境线长两千多公里。

伊犁风光

雅苏台、科布多、哈密、吐鲁番、乌鲁木齐、古城等地增设领事。"按照这个条约，中国不仅失去了大片领土，而且即使伊犁收回，也是处于俄国的三面包围之中。

伊犁得名于伊犁河（光明显达，形容河水在太阳照耀下碧波粼粼），最早见《汉书》，史称伊列、伊丽、伊里等名。清乾隆年间定名伊犁。

清末的伊犁地区由九座城镇组成，整个地区气候宜人，土地肥沃，雨水充沛，物产丰饶，集市贸易发达，是我国西部边境的一块宝地。沙俄垂涎此地久已，因为这里是沙俄从中亚进入我国新疆北部的大门，战略、商业地位都极其重要。

那么，伊犁又是怎样落入俄国人手中的呢？沙俄是

最早的侵华国家之一，早在17世纪初叶便开始觊觎我国西北边疆。二次鸦片战争期间，沙俄加入了西方列强瓜分中国的行列，以武力威胁清政府签订不平等条约，割占了大片领土，仅1860年的中俄《北京条约》、1864年的中俄《勘分西北界约记》就吞并了中国西部44万平方公里的领土。但沙俄还不满足，那是在19世纪70年代初，中亚浩罕国首领封建主金相印入侵新疆，沙俄乘机强行占领了伊犁。当左宗棠收复新疆之后，沙俄仍不肯把伊犁及其附近地区归还给中国。

为此，在1878年6月，清政府派崇厚为钦差大臣赴俄国谈判交收伊犁问题。没想到崇厚到沙俄以后，贪图享乐，收受贿赂，不思身兼的重任，在谈判时，当俄方代表动辄以停止谈判，动用武力相威胁时，崇厚被迫与

当时沙皇俄国的战舰

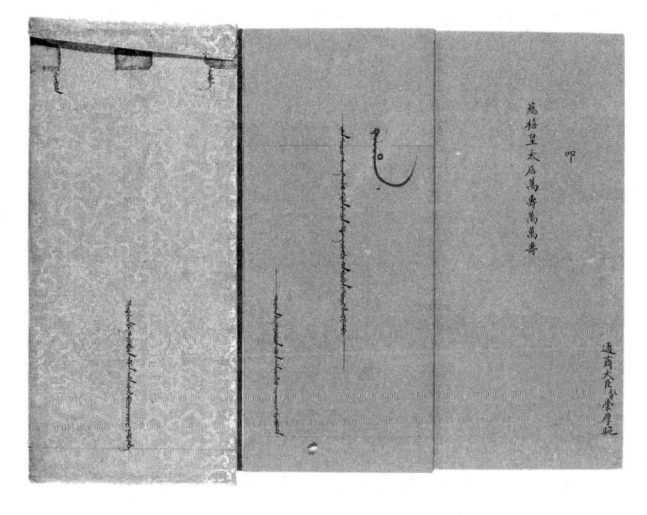

崇厚任通商大臣时的请安折子

沙俄签订了有辱国家的条约，使国家的主权受到了严重的损害。消息传到国内，舆论大哗，朝野人士一致要求惩办崇厚，与沙俄一战为快，拒绝在条约上签字，派人重开谈判。

崇厚曾担任过三口通商大臣，1870年任总理各国事务大臣等职务，是当时中国派出的外交官员中职务最高的人，但崇厚才能平庸，还不肯用心钻研，连国际外交的一般法则和外交运用方面的许多策略都知道的非常少，不仅如此，他还不肯吃苦，没有先取道新疆去了解当地的形势，而是直接到沙俄进行谈判，间接导致了他谈判的失败。

崇厚到俄国后，俄方对他采取又打又拉的手段，提高接待他的规格，允许他乘坐皇家马车，同时又让他感到俄国的强悍态度，使他面对俄国人谈判就不敢坚持自己的立场。但这些手段再使用到曾纪泽身上时，就没有了当时的效果。

1879年谈判开始，沙俄提出割地、赔款等苛刻条件，明明是他们侵占的中国领土，现在不仅不奉还，反而提出诸多无理要求。在持续半年多的谈判中，沙俄代表不断使用欺骗、逼迫手段，使得崇厚步步退让。清政府曾多次令崇厚"必当权其轻重，未可因急于索还伊犁，转

崇厚

贻后患"，但崇厚未将此放在心上，在开议之初，就擅自答应了与俄通商的一些条件。

关于割地问题，清政府明确表示反对。但崇厚充耳不闻，对沙俄各项要求，"不牢察利害轻重，贸然许之"。

光绪皇帝和慈禧太后也觉得崇厚做得太过分，有损国威，决定下旨将崇厚革职

清政府的国书封面

拿问，交刑部办罪。可是派谁去好呢？当时沙俄正逞凶中亚，刚刚打败土耳其，狂傲不可一世，它怎么肯轻易地把到嘴的肥肉吐出来呢？要想虎口夺食，必须要得力的人去方行。而清政府此时的外交方针是"不能轻言开战"。一些有见地的大员上奏朝廷："可派现任驻英、法公使曾纪泽兼任驻俄公使，前去沙俄与之谈判，曾纪泽是个有外交才能又有爱国之心的人。在朝中找不出第二个能与他匹敌的人来。"于是，曾纪泽受命于危难之时。

曾纪泽肖像

对于曾纪泽出使俄国谈判，国内的一些重臣并不抱太大希望，他们承认曾纪泽赴俄改订条约的谈判难度超过崇厚数倍，即使是总理大臣处理该事，也未必能得心应手。因此，在曾纪泽出发前曾有人发密电给他：假如谈判不顺，可以暂缓讨论，待以后再商议。

对此曾纪泽并不同意。他认为这样做俄国也不会默然废除《里瓦几亚条约》，且对中国不利。因为此时中国已然屯重兵在伊犁一带，进退不能，边境问题一天不解决，国防便一天不能稳固。他主张在通商条款上酌情让步，争取收回伊犁全境——"仓卒珠盘玉敦间，待凭口舌巩河山"。

曾纪泽接受这个艰巨的任务之后，就着手开始了紧张的准备工作。他白天拜访各国的使臣，以争取他们的支持，夜晚又挑灯查阅有关谈判的文件和资料，满怀一腔爱国之情，不辞辛劳为争回伊犁而忙碌着。

对俄谈判之前，曾纪泽仔细地分析了当时的国际形势，特别是俄、英、法三个国家对此事的态度。

俄国因为前一段时间刚发动对土耳其的战争，虽然取胜，但是人力财力都有很大损耗，尽管做了对华战争准备，但应该不会贸然发动战争。曾纪泽还从伦敦政府官员那里得知，对于《里瓦几亚条约》的重新签订，俄国内部也有了一定的分歧，沙皇亚历山大二世和外部丞

相吉尔斯"有和平了结之意"。

英国与俄国为了各自在华利益在新疆长期竞争，所以他不希望俄国在华势力过度膨胀，清政府拒签《里瓦几亚条约》有利于英国，同时英对华贸易占其整个对外贸易的75%，如果俄中交战，必然会使英国贸易受极大影响。

法国也不希望发生战争，因为中俄战争会使俄国将兵力从欧洲调向中俄边境，从而放松了对法国宿敌德国的牵制。

曾纪泽了解好这些情况后，巧妙地利用英、法、俄三国之间的微妙关系，借助英法制造舆论，使当时国际舆论都倾向于在谈判桌上解决中俄争端，这使俄国感觉到很大的无形压力，使事情向着有利于中方的方向发展。

赴沙俄谈判启程的日子终于来到了，这是1880年7月的一天，天空阴雨连绵，已经好几天没有开

清刊本《曾惠敏公遗集》

晴了，因过度劳累而疲惫不堪的曾纪泽打起精神带着一行人乘火车由法国出发了。

　　天一直在下雨，冷风夹着冰凉的雨滴吹得人瑟瑟发抖。恶劣的气候并没有使曾纪泽放弃工作，相反，他更加紧张，查看地图，翻阅条约文件，每天都是从早忙到晚。车走得很慢，因洪水泛滥，多次半路停车。有时食品供给也存在困难，他们只能吃些麦饼，喝些凉水。因为休息不好，曾纪泽在第三天受了风寒，咳嗽不止，头痛也很厉害。即使这样，为了争取时间，他仍斜躺在卧铺上看资料，思考着到俄国后的事情。走了好几天，终于到了俄国首都彼得堡。

　　彼得堡又称圣彼得堡，是在18世纪初确立为俄国都城的。市区内罗马式建筑和哥萨克式建筑高大雄伟，尖塔林立，似乎在向

曾纪泽手书七言联：摇笔尚堪凌浩荡，题诗端为发幽妍

人们证明着自己的强大。宽阔街道两旁是枝繁叶茂的法国梧桐树和绿茵茵的草坪以及五彩缤纷的各种鲜花。尽管是夏季，但是因为连日阴雨，气温仍很低，人们穿的衣服还是很厚实，街面上没有几个行人，只有那天真烂漫的孩子们嬉戏玩耍。

曾纪泽是第一次到俄国，异国的景色和风情虽然令人陶醉，可是他却无心欣赏，满脑子装的都是如何谈判才能争回权益。

车站是古老的俄式建筑，站内十分冷清，旅客非常少。前来迎接曾纪泽一行的只有清政府驻俄署使邵小村，俄国方面根本没有派人来迎接，表现出俄国的怠慢和无理。

曾纪泽见到这些，心里就有一种说不出的滋味，回想起父亲曾经对他说过的话——弱国无外交，这回他可真是亲身感受到

圣彼得堡风光

了，堂堂的一国公使居然没有人来迎接，可见清政府在国际上尤其在俄国人的眼里是多么弱小，不受重视呀！这无形中也加大了曾纪泽心理上的压力，他想，我刚一来，就遭到俄国人的轻视，那么到谈判时他们还不知如何刁难呢。不过，既来之，则安之，反正这次改约理在我手，无论如何，哪怕就是拼得性命，也要让沙俄把吞到嘴里的肥肉吐出来。

想到这里，曾纪泽觉得浑身增添了无数的力量，精神也好了许多，眉宇间充满了刚毅和坚强。他连忙招呼邵小村和随员，马上去使馆。一切都安顿好以后，曾纪泽稍做休息，就向邵小村了解俄国方面的各种情况，以备日后谈判时所用。

送走邵小村后，已经很晚了，曾纪泽刚要休息，俄国驻华公使布策和外部总办热梅尼来了。两个人一进屋门，假惺惺地向曾纪泽道歉说："曾大人，实在对不起，今天因有急事，没能到车站去接你，实在对不起。"

曾纪泽一见他们那做作的样子，就知道他们是在演戏，应付道："没有什么，我现在不是很好吗？承蒙二位关照，多谢了。"

这时，布策连忙上前，对曾纪泽说："曾大人，你是第一次来到我们俄国吧？这里的一切你还住得惯吧？如果有什么要求，请提出来别客气。"

热梅尼也似乎很亲近地说："是呀，到这里就和到家一样嘛，千万别客气。"说完，从随身带来的公文包里取出一叠钱来，递给曾纪泽，说："你们初来乍到的，要买一些东西，另外，这几天再到各处走走，玩一玩，这点钱你先用着，过几天我们再给

圣彼得堡风光

你们送来一些，千万别客气。"

曾纪泽在他们二人进屋时就觉得有点蹊跷，心里嘀咕：这么晚了他们来干什么？现在，他终于弄明白他们二人的来意了，原来是来行贿的。想到这，曾纪泽正色道："多谢二位的好意，我们到这里比较习惯，也不需要购买什么，再者，我们也有钱，请你们把钱带回去吧。"

布策一见曾纪泽执意不肯收钱，一时也没了主意，直拿眼睛示意热梅尼，热梅尼此刻也没了主张。他们原以为，曾纪泽也会像崇厚那样贪财怕事，没想到碰了一个软钉子。热梅尼强作笑脸，凑近曾纪泽的耳朵，"神秘"地说："曾大人，这钱数目也不小，你就收了吧！此事是天知，地知，你知，我知，我们不说谁也不知道。"

此时的曾纪泽早生厌恶之感，见他们要收买自己，企图让自己以中饱私囊来出卖国家的领土权益，顿时怒从心头起，恶向胆边生，断然拒绝说："如果你们是出于礼貌来

看我，那么我欢迎，并请你们喝中国的龙井茶；如果你们是为了从我这里打开缺口，企图在谈判时获得不合理的好处，那么你们就打错了算盘。我这次来是下了决心的，崇厚与你们签订的条约，损害了我们国家很多利益，这次改约谈判，我一定要使不合理的地方变得合理公允，所以你们想收买我的话，就请带着你们的钱回去吧。"

布策二人见讨了个没趣，只好灰溜溜地回去了。

曾纪泽再也睡不着觉了。自己肩负着使国家领土保持完整的历史使命，肩负着维护中华民族在国际事务中尊严的使命，担子是很重的，怎样做才能对得起祖国，才能不使国人失望呢？这是摆在自己面前的艰巨任务。曾纪泽思前想后，彻夜未眠。第二天，他又找来了邵小村，二人一起又仔细地研究了俄国的情况，分析俄国现在正处在打败土耳其的胜利氛围中，非常狂傲，所以，根本不把中国看在眼里，与这样强大的对手谈判绝不能硬碰硬，要讲究谈判的艺术，以柔克刚，抓住其薄弱环节。另外，现在国际上几个大国如英、法等国，对沙俄的行径也十分不满，担心俄国的强大会使他们自己在国际中大国地位动摇，损害自己的利益，所以对沙俄的扩张采取掣肘的态度，以阻止俄国扩张阴谋得逞。基于上述分析，曾纪泽决定制订详细的谈判计划，针对俄国的弱点在谈判中进行有力有节有理的辩争；另一方面加紧与各国驻俄公使取得联系，争得他们的同情和支持，他开始了紧张的外交工作。

曾纪泽深知担当此任的艰巨和处境的困难。

困难之一，《里瓦几亚条约》使中国蒙受巨大损失，虽然清廷没有承认，但是作为中方代表的崇厚已经签字，现在要废除不用，沙皇俄国必定不会善罢甘休；困难之二，其时的英、俄两国在华利益之争愈演愈烈，作为英法公使的曾纪泽兼任使俄大臣前去谈判，无形中加大了

李鸿章像

谈判的难度；困难之三，对于曾纪泽出使俄国，朝内官员各执己见、褒贬不一，如李鸿章就认为派曾出使"殊欠斟酌"，甚至有人提出，曾纪泽平时与西方交好，让他去谈判怎能得胜？

面对来自各方的困难和压力，曾纪泽毅然接受了任务，他决心克服重重困难，最大限度地维护国家利益、民族尊严。

此时面对的一个问题是，崇厚应该如何处置。毫无疑问，崇厚的行为激起了清朝上下臣民的愤慨，在全国舆论的影响下，1880年崇厚被革职查问，交刑部治罪，3月份崇厚被定为斩监候，待秋后处决。而清政府对崇厚的这一处置，也引起了沙俄方面的极大不满——他们正在为取得巨大利益而欣喜时，听闻中方不承认《里瓦几亚条约》且从重处置了谈判代表，是对自己的"不尊重"。而这一点也成为日后曾纪泽谈判中需要解决的一个重要问题。

在会谈之初，曾纪泽了解到俄国对中方处置崇厚，是"引为大辱"，曾纪泽感到赦免崇厚的罪名，与他谈判能否成功密切相关。为了能在谈判之初营造一个较好的气氛，他在三天内三次电告总理衙门，请朝廷因此准许赦免崇厚。1880年8月12日，清政府宣布将崇厚免罪开释，顾全了俄国的颜面，对会谈起到了积极作用。

经过一系列认真的准备工作，曾纪泽心里有了底，就等着谈判了。

　　可是，俄国方面却连一点要谈判的意思也没有。驻华公使布策经常到曾纪泽这里，一会儿说陪他去参观博物馆，一会儿又说陪他去钓鱼或看戏，总之，就是不往谈判上提。曾纪泽几次问他什么时间开始谈判，俄方准备好了没有？布策总是回答说："不忙、不忙。等你休息好了再说。"要不然，就用别的话给岔开。

　　几天过去了，还是没有动静。曾纪泽沉不住气了，心想，既然沙俄政府允许重开谈判，为什么我已来了好几天，他们还不安排谈判呢？其中必有缘故。

　　果然不出曾公使所料，沙俄原以为曾纪泽也和崇厚一样，贪图享乐。他们想用娱乐占住曾纪泽的心，消磨其意志；另一方面，他们也想拖下去，使谈判草草地结束或不了

了之。

　　曾纪泽看出了俄方的意图，几次照会俄国外部尚书吉尔斯，要求尽快举行谈判，解决悬案，以安人心。在照会中，曾纪泽措辞激烈，抓住俄国没有谈判实意的弱点，进行抨击。声言，俄方无故拖延时间，无非是没有诚意，或者自觉理亏，否则为什么要这么做呢？如果俄方再不尽快决定谈判时间，那么中方将把俄方的做法公布于众，以讨得公断。

　　吉尔斯见再这样不理不睬已经不行了，就一方面上奏沙皇请示谈判的准则，另一方面回复曾纪泽，推说自己前几天生病了，所以没有能够立即举行谈判，请求谅解，并答应说近几天内即可举行谈判，以重新讨论未决之事。

　　曾纪泽一见争取谈判取得了成功，就又立即进行详细的准备，仔细检查以前的准备细致不细致，有没有漏洞，以保证万无一失。谈判的日子终于到了。

　　这一天，天气晴朗无云，夏秋之季的彼得堡的景色更加秀丽。曾纪泽早早地起了床，梳洗一番后，把官服穿戴整齐。今天，他的精神特别好，信心十足。他想，我报效祖国和施展才华的时候到了，我一定不负祖国的期望和人民的重托。他朝东南方向向着祖国深施一礼，口中念道："请保佑我！"便驱车来到了谈判会场。

曾纪泽像

不畏列强勇捍主权的外交家曾纪泽
BU WEI LIEQIANG YONG HAN ZHUQUAN DE WAIJIAOJIA ZENG JIZE

会场装修得富丽堂皇，金色的大吊灯被吊在有彩绘图案的天花板上，四周墙壁上数幅壁画使整个会场显得过于肃穆。檀黑色的古色古香的器具显得豪华、气派。而最醒目的却是那摆在古董架上的一对唐三彩马和一个宋代的瓷瓶，这是沙俄强盗在第二次鸦片战争中从中国抢去的。

　　曾纪泽一看到中国的工艺品被沙俄抢去后还摆在中俄谈判的会场上，就非常气愤，心想，沙俄实在欺人太甚，不仅在第二次鸦片战争中趁火打劫抢去了中国无数的钱财物品，还把中国东北、西北44万多平方公里的土地强行割为己有，而且仍不满足，继续胁迫中国割让土地，真是贪得无厌。我这次来俄国，一定要尽我最大的

彼得堡一景

努力维护国家的领土主权，不能让俄国的阴谋再次得逞。想到这，曾纪泽健步走到谈判桌前自己的位子上。

曾纪泽的谈判对手是俄国外部尚书吉尔斯，驻华公使布策和外部总办热梅尼等人。吉尔斯坐在曾纪泽的对面，布策在左，热梅尼在右。他们三个人正在谈笑风生，根本没有理会曾纪泽的到来。

一个弱国的谈判代表受到这等无礼的待遇心情是可想而知的。为了提醒他们的失礼，曾纪泽忍无可忍故意咳嗽了两声，以示他们注意。因为布策和热梅尼已与曾纪泽打过交道，不得不假惺惺地过来和曾纪泽握手，并把曾纪泽介绍给吉尔斯。

曾纪泽不卑不亢又不失礼地作了应承。他仔细打量了下吉尔斯，只见他身穿一套黑色的笔挺的燕尾服，光秃秃的头上只在发际线上尚能看到一点点的稀疏的黄发，不大的蓝眼睛深陷在高高的眉骨下面，

曾纪泽隶书条屏

使人看了以后顿生寒意，大大的鹰钩鼻子安放在那张瘦黄的脸上显得有些不协调，干瘪的两片薄嘴唇紧紧地贴在又尖又长的下巴上，怎么看都别扭。曾纪泽心想，此人怎么长得这样啊，他满脸的阴险狡诈，我不能大意呀！

寒暄过后，吉尔斯启动了他那两片干瘪的嘴唇，慵懒地用不阴不阳的口吻对曾纪泽说：

"曾公使，我听说在你们中国钦差大臣有权处理各种事宜，而公使的权力远不如钦差大臣。崇厚是清政府特派的头等钦差大臣，他与我们签订的条约，岂是你这二等公使所能修改的，再者说，连头等钦差大臣所定的条约都不行，难道你这没有全权的公使修改了就能行吗？依我们看，以前所定的条约现在执行就是了，就不要商改了。"

曾纪泽闻听吉尔斯的话，就知道他还是不想坐下来谈判，企图以不讲理的态度拒绝谈判，于是，义正词严地回答说：

"使臣不论头等二等，他们都不可以违背自己国家的利益和意愿而擅自行使国家所给予的权力。各国定约也必须要两国批准后方可生效实行，如果所定的条约，有不合适或难以实行的地方，照例可以再商议重新修订。而崇厚是违背国家意愿擅自与贵国签订《里瓦几亚条约》的，所以我国政府断不批准。按照国际公例，我就是由政府派来重新修订这个条约的。"

吉尔斯被曾纪泽有理有据的辩驳，噎得一时说不出什么别的话来，只好坐下来进行谈判。

俄国人的如意算盘是，能不谈就不谈，能拖就拖，实在不行也要割大片领土归己有，获得大量赔款和权益。

伊犁风光

中华爱国人物故事
ZHONGHUA AIGUO RENWU GUSHI

对于如何进行交涉，曾纪泽心中早就有了谱，他以为："伊犁是新疆的门户，新疆是中国领土不可分割的一部分。现在如果放弃伊犁，无异就等于放弃新疆，放弃中国的主权，那实质就等于灭亡自己的国家。"所以，他主张对领土主权"要以百折不回之力据理力争"，而对通商赔款等事项只能忍痛作为权宜之策，万不得已时可以应允。因为领土关系到千秋万代，永不改变，而其他的诸如通商赔款等在几年之后随着形势的变化是可以更改的。所以在与俄国人谈判时始终应该是坚持"寸土必争、寸步不让"的原则。

然而，曾纪泽所坚持的，正是沙俄想得到的。正式谈判开始了。

由于俄方目中无人，根本瞧不起中国政府，更瞧不起中方的代表，以为所谓的重开谈判只是走走形式而已，所以根本没有准备充分，未作出任何的计划和方案，这样，所有的谈判方案就全部由中方代表曾纪泽提出。

首先涉及的问题是关于霍尔果斯河以西、帖克斯河流域大片土地的所有权问题。

曾纪泽慷慨陈词，历数这些地方属于中国所有，毫无理由划归俄国的原因。之后他说：

"这些地方自古以来就是中国的领土，中华民族世代生息在这里，你们俄国强行割占而不归还是毫无道理的。"

吉尔斯见正面的辩驳根本无任何理由，就阴沉着脸说：

"你们大清国现在哪有精力管理这些边远的地方，不如让我们替你们统治这些地方好了。"

伊犁风光

伊犁风光

曾纪泽见他耍赖不讲理，正色驳斥道："母亲再不好，也没有把自己的孩子往狼嘴里送的。霍尔果斯河以西的地方和帖克斯河流域的每一寸土地都是中国的，我们国家有能力管理这些自己的领土，不用贵国费心。"

曾纪泽在谈判桌上毫不相让，实在是出乎吉尔斯、布策等人意料。他们原以为曾纪泽也是毫无作为的庸才，所以根本没有给予足够的重视，致使谈判中自己手足无措，于是布策慌忙宣布休会，改日再进行谈判。

吉尔斯等人回去后，连忙召开了紧急会议，一致认为曾纪泽不可等闲视之。第一次谈判俄国不但没有得到任何好处，反而使曾纪泽占了上风，这实在太可怕了。于是布策等人连夜拟定谈判计划、方案，并在第二天向沙皇做了汇报。

沙皇听了汇报后，恼羞成怒，大发雷霆："你们几个蠢材，连一个小小的清朝公使都对付不了，还能干什么？"

吉尔斯连忙说："是，是，我们实在无能，报告陛下，那曾纪泽实在与崇厚不一样，他机敏得很。"

沙皇恨恨地说："不管怎样，我们的计划是要把中国变成我们俄罗斯帝国的一个部分，我要在不久的将来在那里建黄俄罗斯省。所以我命令你们必须战胜中国代表，让他驯服地听我们的摆布。"

挨了一顿臭骂的吉尔斯，哭丧着脸回去准备谈判去了。

曾纪泽第一次谈判就占了上风，心里别提有多高兴。不过他想，沙俄绝不会善罢甘休的，下一轮谈判一定会更艰苦、更激烈，所以不得掉以轻心。

第二轮谈判的气氛与第一次相比是大不相

同了。俄方代表吉尔斯、布策和热梅尼表情严肃、正襟危坐,一副如临大敌的样子。而中方代表曾纪泽却显得自信,有条不紊。

在划定喀什噶尔边界上,俄方代表热梅尼首先发难,他说:"中国现在管理的苏约克山口应当按照崇厚签订的条约执行,划归给俄国。"曾纪泽坚定而有力地回答说:"关于两国边界,以前勘定的国界应当按原有的执行,没有定下来的则应另行勘测决定。至于让中国在已经勘定的国界再向后退让,实在不合情理。"

布策赶忙为崇厚原议辩护,说:"原议所分定的地方,就是现在两国现管之地。所以,就不要再麻烦重新划定了。"

曾纪泽回答说:"既然两国现管之地是以前划定,那对于条约中改为'照两国现管之地勘定'又有何妨呢?"这实际上否定了俄国霸占苏约克山口。

沙皇亚历山大二世

吉尔斯见曾纪泽毫不让步，气急败坏地说："如果不照我们的意思办，那么就休会，停止谈判。"

曾纪泽轻轻一笑说："我们不怕休会，我们正想利用休会的时间把贵国的所作所为公之于众呢。"

由于俄国在国际上正处于孤立地位，如果把它的霸道行径公之于众，对其无异于雪上加霜。想到这，布策赶忙赔笑对曾纪泽说："曾公使，那么按你说的办吧。"

经过努力，终于保全了苏约克山口等处的领土。

关于伊犁西南部领土，曾纪泽仔细查阅了地图，在谈判桌上多次厉色争辩，寸步不让，终于收回了伊犁9城和帖克斯河流域。在偿付兵费问题上，俄方因为被迫将吃到嘴的肥肉又吐了出来，怀恨在心，决定增加赔款数额。

热梅尼和布策坚持中国清政府偿付俄方兵费1 200万卢布，比原议多出700万卢布，并且无理地宣称："你们

曾纪泽像

中国陈兵边境，结果使我们国家不得不也布兵于边境，耗费了很多钱，这些钱应该由你们偿付。"

曾纪泽说："兵事由你们而起，反而向我们索取兵费，国际上有这等公理吗？"

所谓"陈兵边境"指的是，崇厚在俄京擅订丧权失地的《里瓦几亚条约》后，引起清廷中多数官员反对。左宗棠提出"先之以议论，委婉而机；次决之以战阵"，和战并用的方针。清政府接受了左宗棠的主张，1880年初，正式拒绝承认这个条约，并改派曾纪泽出使沙俄办理伊犁交涉。沙俄政府立即在我西北和东北边境集结重兵，并派舰队到中国海面示威。

清政府一面加强东北防务，一面再次命左宗棠为钦差大臣赴新疆统筹军务调兵备战。左宗棠部署分兵三路收复伊犁。1880年5月，年近七十岁的左宗棠冒着风雪，自肃州（今甘肃酒泉）抬着棺木西行出关，向哈密进发，表示了视死如归的决心。虽然后来清政府为避免战争，以"正须老于兵事之大臣，以备朝廷顾问"为名，将左宗棠调离新疆。但左氏的积极备战，确为曾纪泽在俄国的谈判提供了有力的后盾。乃至左氏被召赴京，沙俄尚以为他是去商讨出兵伊犁之事而极为关注。沙俄最后同意改订新约，与此大有关系。

吉尔斯见讹诈不成，又恫吓说："如果说我们两国之

不畏列强勇捍主权的外交家曾纪泽

BU WEI LIEQIANG YONG HAN ZHUQUAN DE WAIJIAOJIA ZENGJIZE

左宗棠像

间没有打过仗，你们没有败，而没有索要兵费的理由的话，那么，我们俄国现在正欲要打一仗，以补偿耗费的费用。"

一般的人，尤其是一个弱国的代表，在强国扬言要开战的时候，一定会有所惊惧，可是这些话用在曾纪泽的身上就不那么起作用了。他毫不示弱，针锋相对地回答道："开战吗？打仗有胜负，但胜负到底属于谁？谁也说不准。如果中国获胜的话，那么俄国也必须赔我们兵费。"

吉尔斯冷笑一声，不屑一顾地说："自鸦片战争以来，上帝赐给你们中国的东西就是失败，你们还想打胜仗，别做梦了，哈哈哈……"

正当吉尔斯得意狂笑之时，只听"砰"地一声，一只茶杯摔得粉碎，把吉尔斯吓了一跳，笑声戛然停止，再一看，曾纪泽正在怒气冲冲地瞪着他。那茶杯正是曾纪泽摔在地上的。

全屋人的目光都集中在曾纪泽的身上，他一字一句铿锵有力地说："你们如此恃强凌弱，实可与强盗无异！

我们国家是打了几次败仗，但并不等于我国人民就此永远受屈辱，我们不会屈服于强权的，等着吧，东方的睡狮终有醒来那一天！"

吉尔斯见曾纪泽不吃他那一套，只好转做笑脸，说："曾公使不要生气嘛！俄国并不是要出售土地以讨价钱，果真那样，如果以帖克斯河流域来说的话，它岂止值500万呐？只不过这次修改的条约有许多项，而我们俄国所得甚少，在面子上不太光彩，而想多要些赔偿以自慰罢了。"

这样，在挽回中国大片领土的前提之下，曾纪泽做了让步，赔款增至900万卢布。

谈判又就一些细微问题进行了几次，其间，曾纪泽总是能"酌情据理"与俄国人周旋，使俄国谈判代表无计可施而又无可奈何。他们在一封信中这样写道："对于这些中国老爷们不能再抱任何幻想，他们十分傲慢，并

曾纪泽所画的《双狮图》

且熟悉世界政治。我们的示威没有使他们害怕，正如科托尔的示威没有使苏丹害怕一样。"俄国人曾幻想曾纪泽也会像崇厚那样容易屈服；并把别人的不俯首帖耳任其宰割、不肯屈服投降认为是"傲慢"，在他们想来，曾纪泽应该是个庸才，什么能力也没有，稍示威胁就屈服的人。

曾纪泽家书

俄国人打错了算盘，在曾纪泽据理力争之下，俄国不得不放弃已到手的利益，1881年2月24日，《中俄伊犁条约》签订，其大要如下：

（1）俄国交还伊犁地方与中国。

（2）中国降谕将伊犁居民不分民族，在扰乱及平靖后，所为不是，均免究治，免追财产。

（3）伊犁居民，或愿仍居伊犁为中国民，或愿迁居俄国入俄国籍者，均听其便，应于交收伊犁以前询明。

其愿迁居俄国者，自交收伊犁之日起，予一年期限迁居，携带财物，中国官员并不阻拦。

（4）俄国人在伊犁之田地，照旧管业。其伊犁居民，交收伊犁时入俄国籍者，不得援此例。又俄国人田地在贸易圈以外者，应照中国人民一体完纳税饷。

（5）中国允将俄国自同治十年至今代收代守伊犁之军政费，并所有前此俄商民在中国境内被抢害各案之抚恤费，900万卢布归还俄国，两年付清（折合中国银500万两）。

（6）伊犁西边划归俄国，以安置因入俄国籍而弃田地之人民。自伊犁西边别珍宝山，顺霍尔果斯河，至该河入伊犁河汇流处，再过伊犁河往南至乌宗岛山廓里扎特村东边，自此处往南，顺同治三年《塔城界约》所订旧界。

（7）同治三年《塔城界约》规定斋桑湖方面之国界，

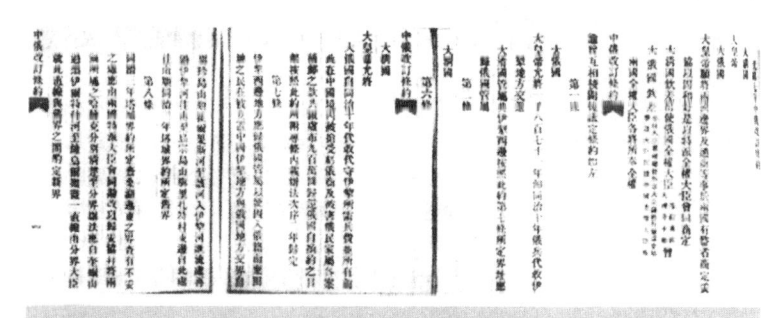

1881年《中俄改订条约》主要条款

尚有不妥，应自奎洞山过黑伊尔特什河至萨乌尔岭划一线为新界。

（8）俄国照旧约在伊犁、塔尔巴哈台、喀什噶尔、库仑设立领事处，应准在肃州、吐鲁番两城设立领事。其余如科布多、乌里雅苏台、哈密、乌鲁木齐、古城五处，等待商务兴旺，由两国陆续商议添设。但吐鲁番非通商口岸而设领事，他处不得援以为例。

（9）蒙古各处各盟，均准俄人贸易，照旧不纳税。并准俄民在伊犁、乌鲁木齐、塔尔巴哈台、喀什噶尔及关外天山南北各城贸易暂不纳税。等待将来商务

兴旺，由两国议定税则，即将免税废弃。

（10）俄国人民在中国沿海通商者，照各国通商总则办理。在中国关内外陆路通商者，照此约及所附章程办理。此约所载通商各条，及所附《陆路通商章程》，每十年商议酌改。

（11）咸丰八年《瑷珲条约》，已准中俄人民在黑龙江、松花江、乌苏里江行船，并准与沿岸一带居民贸易。现在复为申明。

根据这一条约，中国收回了伊犁等9城和被俄国割占的帖克斯河流域，另外还争回了其他方面的一些主权。中

曾纪泽隶书条屏

国方面把原议赔偿兵费500万卢布增至900万卢布，承认沙俄若干商业特权，霍尔果斯河以西的中国领土仍被沙俄强占去了。

这个条约实际上仍是一个不平等的条约，但在1840年以后的清代外交史上，能够重新改订条约，让中国收回一部分土地和主权，实在是绝无仅有的事，其中的功劳多半都是曾纪泽争取回来的。

所以条约签订以后，吉尔斯感叹："我办外交事件40

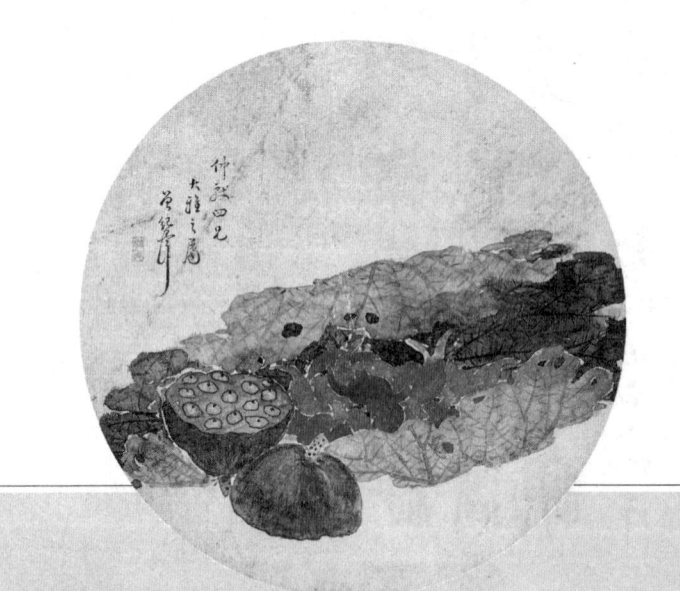

曾纪泽《藕香》扇面
　　曾纪泽的诗书画水准皆高，且乐此不疲，晚年在京城，王公大臣求墨宝者不绝于门，光绪皇帝也曾向他索画。

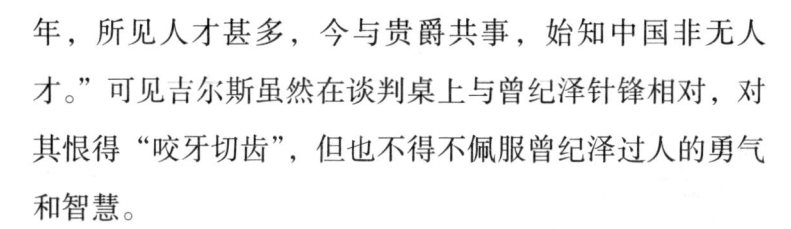

年，所见人才甚多，今与贵爵共事，始知中国非无人才。"可见吉尔斯虽然在谈判桌上与曾纪泽针锋相对，对其恨得"咬牙切齿"，但也不得不佩服曾纪泽过人的勇气和智慧。

在签约结束后，吉尔斯举起酒杯，有点推心置腹地对曾纪泽说："侯爵，请恕我直言，您是我接触过的外交官里最具有智慧又最难对付的，我曾经恨过您，但最终为有您这样的谈判对手而自豪。"

吉尔斯说的是实话，与曾纪泽打交道的这半年，他从轻蔑、傲慢到气恼，以至于无可奈何而钦佩，他为对付曾纪泽绞尽了脑汁，使尽了手腕，但在他看来，最后也只是打了个平手。在他的外交生涯中，他不惧怕任何欧洲和美洲大国的外交同行，而曾纪泽却让他头痛和失眠，这是他从政几十年里绝无仅有的。

智勇双全力抗侵略
不败而败无奈受辱

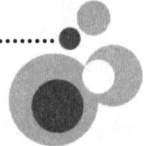

　　1883至1884年法国侵略越南引起的中法有关越南问题的交涉,是曾纪泽外交生涯中面临的第二次重大的考验。如果说中俄伊犁谈判给他带来了较高的声誉,中法交涉却由于清政府的妥协退让给他带了屈辱和失败。

　　越南与中国唇齿相依,两国的关系源远流长。早在两千多年前的秦汉时期,越南曾是中国的郡县之一。在几千年的历史演变过程中,越南时而是我国版图下的郡县,时而是定期向朝廷纳贡的番邦。清朝乾隆以来,越南定期向清廷纳贡,四年一次。随着清朝的衰弱,西方列强把瓜分矛头对准中国及中国的周边,而法国首先把触角伸向了越南。

　　19世纪的最后30年,随着法国经济的快速发展,法国统治者开始向外推行殖民政策。两次组阁的右翼共和党头子茹费理曾露骨地叫嚷,要在亚洲建立"法兰西东方帝国",因此"必须征服那个巨大的中华帝国",为此"我们就必须站在那个富庶区域的通路上"。这个富庶地区的通路,就是与中国山水相连的越南。

1862年6月,法国占领了越南南圻(南部),并强迫越南签订了《西贡条约》,接着开始觊觎北部。法国侵略者毫不掩饰地称:"必须占领北圻,因为它是一个理想的军事基地。由于有了这个军事基地,一旦欧洲各强国企图瓜分中国时,我们将是一些最先到达中国腹地的人。"由此看出,越南不过是法国的跳板,其真正的侵略目标是中国。

面对法国的严重侵略威胁,越南国王请求当时驻扎在中越边境保胜地方的刘永福的黑旗军进驻河内,协助越南抵抗法军。由于越南国土的软弱,1874年,在法军的逼迫下,法、越签订了《顺化条约》,即《法越和平同盟条约》,宣布越南独立,法国成为越南的保护国,对越南同其他国家缔约的权利进行了限制。

黑旗军将领刘永福像

侵占越南的法军

　　为了肃清中国在越南的影响，确立法国的保护国地位，法国驻华公使罗淑亚在法国政府的授意下，要求中国撤退入越剿匪的桂滇军队，并要求在红河的上游、中国云南境内，开放内河口岸一处，以备法人通商。

　　清政府虽然拒绝了法国通商越南、撤退在越军队的无理要求，但对于《法越和平同盟条约》及法越之间的条约关系，并未直截了当地予以否认，而仅以委婉驳斥的立场，声明越南系中国的属国，这一点为法国占领越南、否认中国对越国的主权制造了一点借口。随着法国经济的迅速发展，法国在越南的活动日益猖獗。

　　曾纪泽虽然远在英法，但对法国图谋越南的企图早有耳闻。1880年1月25日，曾纪泽面见法国外长佛来西尼，申明越南系中国属邦的事实，但佛来西尼否认法国对越怀有任何领土企图。1880年6月，曾纪泽致函总理衙门，要他们采取措施，防止突发事件，要防患于未然。不久，曾纪泽奉命赴俄，而此时法国对越政策，由于对外扩张分子茹费理继任总理，更趋强硬。当时曾纪泽尚在彼得堡忙于伊犁问题的交涉，但他对法国的动态仍极为关注。1880年11月10日照会法国外长桑迪里质问法将派兵赴越消息是否确实。并严正声明："倘该国有紧急紧要事件，中国岂能置若罔闻。"

法国对曾纪泽的抗议，明确表示不同意，否认中国在越南的宗主权，他们公然叫嚷：法国在越南所为，是按照法越间条约行事，越南受法国保护与北圻问题与中国无关。曾纪泽在中俄紧张激烈谈判间隙，带病前往法国驻俄使馆，再次重申：法越条约宣布越南独立与中国有关，早在300年前越南隶属中国版图，稍后被中国封为属国，自理朝

茹费理像

总理衙门

清政府主管外交、通商及其他洋务事宜的中央机构。

政。法国虽与越南订约，但中国的宗主权利尚在。与此同时，他建议总理衙门，应向法国声明中越宗属关系，以阻止法国在越南的进一步行动。若果真发生争执，即可以此为据，与之说理。

中俄伊犁改约签订后，中国在国际上的声望大大提高。1881年曾纪泽回到巴黎，想乘机就越南问题与法国作认真谈判，主张改以强硬立场。曾纪泽会晤法国外长，法国仍坚持法越订约的原来立场。他深知，"法国图谋越南，蓄谋已久，断非口舌所能挽救"。因此曾纪泽再度致电总理衙门，提出了挽救越南局面的七项建议：（一）中国对越南施加压力，越南除定期派遣进贡、使臣外，要派一明白事体的大臣长住京师，听候吩咐。（二）越南系中国属国，按规定不得擅自派遣使臣驻扎他邦。（三）告知越南，切不可与法国轻立新约。（四）遵守执行中国命令而非依据法越条约行事，在红河开埠通商，允许西洋各国来此通商贸易。（五）越南清除红河盗匪，力不从心，叮求助于中国，勿求助于法国，给法国造成可乘之机。（六）法越条约，西洋各国并未承认，实为废约。（七）越南应对臣民严加管教，防止给法国造成挑衅借口。

曾纪泽的目的，是想通过对越南的控制，加强中越的宗属关系，排挤法国势力，阻止法国侵略计划的实现。凭着曾纪泽多年的外交经验和对国际形势的了解，他的

侵略越南的法军

侵略越南的法军

建议是符合实际的。李鸿章为首的妥协派对曾纪泽的七项建议都不赞同,他认为越南政权"弱不能扶",而法国也并不急于吞并越南,法国不过是虚张声势罢了,因此,他坚决反对采取积极主动的防范措施,而主张采取审慎观望的态度,静观事态的变化。

1882年春,形势急转直下,法国借口越南应依法越条约开放红河通商,一面要求越南驱除刘永福的黑旗军,一面派海军上校李威利率援军进驻河内,并于4月8日攻占河内。

曾纪泽在巴黎报纸上看到了法军攻占河内消息的当天,即提出口头抗议,声称法国如果侵占越南的土地,中国必定干预。4月15日,曾纪泽三度会见佛来西尼,要求法国在越南的行动应与中国商议。佛来西尼不但拒绝,而且狂妄地宣称:法国在越南所为,是根据法越之间条约所为，中国无权干涉，法国也没有义务报告中国或与中国商议。

曾纪泽听后，非常愤怒，他要煞一下法国佬的狂妄气焰，于是在4月29日，曾纪泽向法国提出一件措辞非常锋利而语言极为直率的照会，列举中国有权干预越事，及中国对越事不能不加过问的理由，驳斥佛来西尼的答复为"无凭之说"。他指出：所谓越事不关中国一词，可谓毫无根据。作为主权国家，中国历史悠久，与越南紧密相连，连绵数千里，在越南土地上居住的华侨，为数众多，两国间的贸易比越南与任何国家的贸易往来都广泛，中国所有西南地区的物产，都由越南水路行销，中国和越南如此关系，您认为中国没有法越事件关注的权利，请问阁下，贵国更有此资格和权利吗？

法国借口曾纪泽发来照会措辞傲慢，而且有轻视侮辱法国的语句，搁置不复。曾纪泽再度致函，但也仍无下文。法国驻华公使宝海威胁总理衙门大臣说：如果曾纪泽对于法国不改变其傲慢的口气，

驻英期间，英国人向曾纪泽（右二）展示砍树的新方法

法国外交部对此类照会，将拒绝不收。

　　法国的抗议，引起了国内清廷主和大臣的恐慌，他们一味指责曾纪泽办砸了事，有失国家体面，导致中法关系不睦。曾纪泽毫不退缩仍坚持强硬的对法立场。但他对法国不复中国的照会非常愤慨，态度更强硬。在同继任法国外长杜克莱的一次会谈中，请法国外交部设法预防法国某些驻越边将，不顾法越相距甚远，在越生事，同时又说明，中国不但有权关心越南边界的地方，而且对越南内地，也很关切。在另致总理衙门的信中，指责法国对他敷衍塞责的用心和伎俩进行了抨击和嘲讽，称

李鸿章像

之为儿戏，幼稚可笑。

由于曾纪泽强硬的对法态度，使法国人既恼怒又害怕，深知从曾纪泽身上法国是占不到任何便宜的，因此不予理睬曾纪泽，而把中法交涉的重心转移到北京，由法国驻华公使宝海与直隶总督李鸿章交涉。

李鸿章对越南的政策，自始就与曾纪泽有重大分歧。他对法国的侵略，"始终主和"，"坚持和议"。其理由是：一、如果中国与法国开仗，就是与法国"失和"，而中国一向"兵单饷匮"，决不可与欧洲强国轻言战事；二、中国若与法国开仗，即使"一时战胜未必历久不败，一处战胜未必各口皆守"，即使偶尔打了胜仗，也只会引起法国的更大报复；三、即使法国吞并了越南也不过是"伏边患于将来，"假若因援越而得罪了法国，就要立即"兵连祸结"，动摇全局。这是地道的失败主义与民族投降主义。正是在这种思想指导下，李鸿章在中法越南交涉之初，就主张牺牲越南，对法妥协，反对与法国兵戎相见。虽然后来由于法国的一再挑衅，中国政府增兵入越，派广东兵船在越南洋面游弋示威，李鸿章不过是想借此威

胁法国,并不想进一步交战,故而谆谆告诫入越将领"相机因应,不可轻率从事,衅自我开"。即使在中法交战甚为激烈时刻,李鸿章也无时不在寻找与法国和解谈判的机会。

李鸿章的避战求和,助长了法国的侵略气焰。法国侵略者一面派人与李鸿章进行谈判,乘机要挟恫吓,一面派大批海陆军到越南,加快了发动侵华战争的步伐。

1882年11月,宝海与李鸿章签署《宝李协议》,双方在不谈对越宗主权与保护权的前提下,中国应先自越南撤兵,中法以红河以北为界,北圻由中国保护,南圻由法国保护。因宝海力主在红河以北划界,李鸿章未予坚持,并认为中国在越南的界限,实在不必向南伸展太

与法国人和谈的清政府官员

远。尽管《宝李协议》中国丧失部分权利,法国政府借口该协议与法越条约条款不符,将宝海撤职,另派驻日公使脱利古来华续商。同时,增拨军费,制定侵略计划。

在宝海与李鸿章谈判之时,曾纪泽也另觅途径,以期打破他在巴黎所面临的外交僵局。由于英国不愿意因英国干预越南问题而导致英法关系恶化,因此拒绝就中法问题调停,曾纪泽寻求英国帮助中国、限制法国的计划落空了。

为了阐明《宝李协议》中中方的立场,曾纪泽接见了法国费加罗报记者,将中国对越南的现行政策归纳为三原则,即中国保护越南,是把越南作为中国南界与法国之间缓冲地带,用以杜绝中法之间直接武力冲突;若法国想驱逐黑旗军而占地通商，则事先必与中国商议；中国与法国分护越南，中国不放弃对越南的保护权。等到法国单方宣布废弃《宝李协议》，并将宝海撤职，曾纪泽与法国和平谈判的希望已经落空，他深信法国派宝海谈判，只不过是一场骗局，目的是延宕中国对越的军事布置。他也认定此后中国应付越南局势唯一有效的途径，只有采取武力政策，以胁迫法国自动放弃吞并北圻的企图，或迫使其与中国议商和平解决的其他方案。他反对中国再与法国作任何认真的谈判。

曾纪泽在对两国的军事实力和国际形势的分析后，

曾纪泽用过的圆形瓦当铁砚，上有"劼刚先生著书砚"等字样。

提出中国应坚持"备战求和"的战略方针，他说：法国垂涎我国南部，为时很久了，无论政客，还是商人，从未忘过。我国果真能以实力抗争，他们就会退缩，如果再姑息纵容，仅以空洞的言论与之抗争，恐怕后患无穷。仔细考察一下法国的财力，其实并不富裕，法国与德国、意大利二国关系不和，常常有所顾虑。越南距法本土甚远，劳师动众，筹措兵饷，尤其不易。法国占据越南的西贡，那仅是一块贫瘠之地，若果真与我们交战，此地也难长久据守。中国近年海防加强，抵抗联合的各国，兵力不足，如果专门对付法国，则绰绰有余。法国占领越南，若派兵二万，即要倾其全力，中国说不定不用开战，就能胜利。一战失败，可重整旗鼓再战，则法国无法做到，中法若能相持一年，法必然失败。何况备战未必真导致战争！这就是所说的备战可以求得和平，而一

味追求和平则必导致战争。

曾纪泽对"备战和平"与法越之事的分析都是很正确的。事实上，极力主张武力侵占越南的茹费理政府地位并不稳固，法国可以用于远东的兵力也很有限，在外交上法国的处境也很孤立。如果中国能积极援助越南，准备作持久战，"坚持不让之心，一战不胜，则谋再战；再战不胜，则谋屡战"，则法国未必敢于冒险。

被迫与法国签订《顺化条约》的越南国王阮福时

但此时李鸿章为首的官员一味惧战，及至法军攻占越南首都顺化，强迫越南签订《顺化条约》，公开宣布越南全属法国，李鸿章仍然极力主和，并以"各省水旱频仍，元气未复，饷力艰窘，罅隙实多"等理由，进一步主张放弃越南。主和派们不仅仅对战争，还把坚持抵抗的曾纪泽视为与洋人妥协的障碍，国内同事和朋友中也有些不明真相的人，责备曾纪泽"一意主战，以国家为孤注"。曾纪泽却始终坚持他的正确观点，为中国权益在坚持不懈地奋斗着。

　　脱利古与李鸿章开始谈判后，脱利古骄横无礼、狂妄自大，声言不惜对中国开战，李鸿章被其威胁吓破了胆，马上否认中国曾帮助越南抗法，也未曾支持刘永福拒法，并电告总理衙门，不可轻言战事。初次谈判由于双方差距过大，毫无结果。法军占领顺化后，又向李鸿章提出重新分界等主张，由于该建议导致中国丧权过多，清政府予以拒绝。

　　由于法国外交部对曾纪泽采取既不复照会，也不与之谈判，置之不理之态度，曾纪泽为阐明中国原则和立场，不时接见外国记者，阐明自己两年来坚持的对越政策要点，警告法国，如果不听中国劝告，誓将冒中法战争的危险。

　　1883年12月，法国议会通过2 900万法郎的军费和再派1.5万名远征军的提案，"决议夺取山西、北宁，将不与中国谈判"。在此情况下，清政府也被迫调兵遣将，积极备战。命两江总督左宗棠、

勇抗法军的黑旗军将领刘永福

直隶总督李鸿章分办南北洋防务，命滇督岑毓英督率防军驻扎北圻，中法越南战争一触即发。

中法越南领土上武力对峙严峻时候，曾纪泽认真考察了中法双方在越南的兵力部署、部队装备情况，提出应采用持久战战术。他说：现在法国认为我们武器装备差、军队没经过西方式的正规训练，肯定经不起，一战就会垮掉、失败，因此他们想试探一下虚实，仅用军舰十几艘，士兵万人就来到东方。如果我们被他们以威胁吓倒，不战即退，则刚好遂了法国的心愿，这岂不是亘古未有的一大遗憾。况且不是让一下就能了结的，其他各国企图占领中国其他领土或属邦的事情就会接踵而来，中国如何招架呢？像法国这样内部混乱、外部孤立的侵略者中国都不能抵抗，何况英俄等强国呢？此次中国不顽强御敌，振兴祖国，则我们中华民族就没有自强之日了，

岑毓英像

每每想起这些，他都悲愤无比，感慨万千。

1883年12月11日，6 000人在法国远征军总司令孤拔率领下，对协助越南抗法的清军和黑旗军发动进攻，清军统帅因感到清政府对战争态度不坚决，失败则有罪，胜利也不嘉奖，弃军而逃。黑旗军代守5天，因众寡悬殊，山西失守。紧接着河内、北宁、顺化等失陷。

法国侵略者因占领山西兴高采烈，竟恬不知耻地说："色当被山西掩蔽了。"意为山西之战的胜利，弥补了普法战争中法国在色当一役的失败。曾纪泽在致德国报社函中，公开将刘永福军在山西的败绩与普法战争中色当一役法皇被掳、法军全军覆灭的大败溃相对比，对法国的得意进行辛辣的讽刺，法国朝野一致认为是对法国国家最大的侮辱，法国国会纷纷主张要倾全力抵制曾纪泽强硬政策，要将这个法国既恨又怕又无可奈何的驻法公使赶出法国，不允许他散布对法强硬、抵抗法国的言论，不许他损害法国的伟

大形象。

因此，当清政府因战争初期失利吓得惊慌失措，派李鸿章寻求和解的时候，法国特别声明："曾纪泽一日不调离他驻法国公使的职务，法国就一日不与中国商议越事。"还攻击曾纪泽在巴黎办事，"于法国国家命意所在全无知晓"，只是时时狂妄地用中国将对法开战相威胁，致使中国战场上失败而失去体面，向法国求和。

法国对曾纪泽的凌辱和疯狂进攻，使本来内忧议和、外抗敌廷、终日焦灼的曾纪泽心力交瘁，致使他咯血数日，染病在身。他自己也称，如果法国人再肆意诋毁他，则病情必会加剧而不可救药了。

即便如此，曾纪泽每日拖着虚弱的身躯积极活动、四处奔走，丝毫不敢放松工作，时刻为维护中国的权益而斗争。他担心朝廷主和思想占上风，极力说服朝廷坚持对法持久作战，他坚决反对以牺牲中国的利益为代价

黑旗军与法军作战

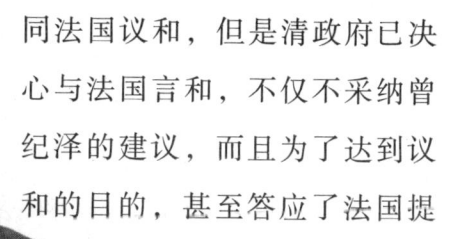

同法国议和，但是清政府已决心与法国言和，不仅不采纳曾纪泽的建议，而且为了达到议和的目的，甚至答应了法国提出的苛刻条件：放弃越南，撤销曾纪泽驻法公使职务，改以翰林院侍讲许景澄接任曾纪泽，未到任之前，由使德大臣李凤苞兼任。

一片忠心反遭到如此打击的曾纪泽，悲愤交加，"寝馈难安"，双手颤抖得连字都写不出来，他终于病倒了。

许景澄像
他接替曾纪泽做了驻法公使，后又陆续出使西方多国，最终因得罪慈禧太后而被杀。

1884年5月11日，中法签订了《中法会议简明条约》（又称《李福协定》），清政府承认法国与越南订立的条约，中国同意在中越边境开埠通商等等。曾纪泽同法国侵略者抗争多年、奋斗多年的中国权益，被清政府一纸合约葬送了，法国侵吞越南，窥伺中国边境的愿望实现了。

果然不出曾纪泽所料，法国并不以占据越南为满足，《简明条约》墨迹未干，法国就出兵"接收"谅山。中国守军奋起自卫，打退了法军，法军以此为借口要挟清政府。接着，法国船队开入马尾港，水师统帅秉承政府意旨，"严令水师不准先向法国开炮，违抗者虽战胜法国也当斩首"。结果法舰突然开火，11艘清舰毫无准备，全部被击沉。在全国不满和指责下，清政府于8月26日下诏抗法。1885年春，镇南关——谅

1884年中法马江海战中，796名清朝官兵阵亡，福建水师全军覆没。牺牲的福建水师官兵被安葬于马限山麓。

山大捷中国胜利的消息导致茹费理的垮台，但清政府却"乘胜即收"，匆忙同法国达成停战协议，重申《简明条约》有效，6月9日中法签订《会订越南条约》，正式承认越南是法国的保护国。中国是"不败而败"地失败了，曾纪泽的外交政策、外交思想没能得以最后实现。

大捷之后签订条约

镇南关大捷后，1885年4月，清政府代表李鸿章与法国代表在天津签订《会订越南条约》，又称《中法新约》。

有生之年鞠躬尽瘁
死而后已万古流芳

　　1884年，清政府屈辱地接受了法国与中国谈判的条件，宣布免掉曾纪泽出使法国大臣职务。这对于一心为国的曾纪泽犹如当头一棒，他感到愤怒和彷徨，"数年的豪气，一朝丧尽"，为维护祖国的利益、民族的尊严倾注了满腔热血的爱国志士，不仅要遭受外人的凌辱，还成了清政府妥协政策的绊脚石，一心赶走他，再与法国缔约言和，曾纪泽感到从未有过的寒心和受辱，他陷入深深的痛苦之中。

　　尽管如此，曾纪泽仍以兢兢业业、一丝不苟的工作作风继续执行驻英、俄公使的职责。两个月后，在左宗棠的极力推荐下，"曾纪泽交军机处存记"。

　　1885年6月清政府决定改派刘瑞芬出任英、俄公使，要曾纪泽"回京供职"，这样，到1886年8月曾纪泽离开英国，他的八年半外交生涯就此结束了。

光绪十二年（1886）年底，曾纪泽从欧洲回到北京。此时曾纪泽虽然只有47岁，但是离国赴欧8年，他日夜焦心长虑，为国操劳，不仅两鬓过早染上白发，且疾病缠身。尽管如此，他回国后深恐所受皇恩深重，无以报答，每天仍勤奋不倦地工作。

清廷先任命曾纪泽为"海军衙门帮办大臣"，帮办海军事务，协助李鸿章创办北洋水师，旋为兵部侍郎入总理衙门，后调户部，兼署刑部、吏部等部侍郎。

曾纪泽在从欧洲返回中国前，为了详细了解欧洲强国的军事装备、武器制造情况，特意要求参观了英国、德国的造船厂，海军武器装备制造局，仔细考察两国造船规模、工艺，所到之处，必携带有关的技术资料，回国后，他又不辞劳苦地将他们翻译出来，以备政府所用。

镇远号铁甲舰是中国清朝海军于德国的造船厂订购及建造的炮塔铁甲舰，清末北洋水师主力舰之一。

清漪园(颐和园前身)被毁后的老照片。1860年，清漪园被英法联军焚毁。1888年，慈禧太后以筹措海军经费的名义动用3 000万两白银重建，改称颐和园。

当时海军衙门大臣们对于海防机要、近代海军知识与技术的基本原理缺乏了解，曾纪泽虽为帮办大臣，实际上海军衙门的各项计划多出自曾纪泽的策划。他对于海军统一建制、海军机构的设置、海军的训练、战舰的制造、武器的装备，都提出了诸多建设性建议和意见，他满怀壮志，筹议颇多，但是处于清朝腐败昏庸的政治环境及保守势力占上风的氛围下，曾纪泽的建议多不被采纳，而且他的意见，经常受到同类的疑忌和掣肘，他们阻挠或抑制他的计划的实现。西太后将创办中国近代北洋水师的款项挪用修建颐和园后，他关于建立近代中国海军的计划落空了。尽管对朝廷的这种做法很不赞成，但他所处的地位是无法改变现实的。

后曾纪泽又被任命为"总理各国事务大臣""户部右侍郎兼管钱堂事务"及"户部三库大臣"等要职，后来又兼"刑部侍郎"，管理同文馆。在任这些要职时，他都是恪尽职守，勤于朝政，不敢有丝毫松懈，因他兼职多，工作繁重，心理承受压力很大，最后竟因感冒身患伤寒，一病不起，卒于光绪十六年（1890）闰二月二十三日，享年51岁。谥惠敏。

曾纪泽逝后，清廷上下哀痛，从一些为他所作的挽联中，可见各人对他功绩的肯定和逝世的惋惜。

李鸿章挽曾惠敏联：

曾纪泽墓志铭

执别一旬，何意遂成千载隔

抗棱四裔，此才方识九州难

又联：

师门相业，常在九州，惟公西使归槎，独恢张海外功名，从此通侯尊博望

京国朋交，又弱一个，自我南行持节，正萦绕日边魂梦，忍听哀些赋长沙

又，黄漱兰大银台联：

有此佳使臣，万国方知天节贵

真堪续名父，一官惜以地卿终

又，许仙屏河帅联：

门馆托师恩，拜北平于马前，何堪哭其父子兄弟

海隅张国体，召长沙而鹏入，能无惜此博达忠勤

又，陈六舟京兆联：

我稽故实，奉三朝元老，为阁师民到于今，兴诵长怀先太保

君抱奇才，以四姓小侯，使绝域忧犹未弭，羌情又失后将军

又，杨诚之观察联：

为张博望易、为富郑公难，力折强邻，拓地远逾分水岭

通方言以文、治舟师以武，时方多事，问天何夺济川材

又，陈哲南联：

文正在天，隐忧时局，留围棋数子，待公补之。记从海外归槎，都望中朝相司马

不才入洛，苦少知音，弹蠡琴一声，更谁听也？回忆堂前尊酒，曾呼下士当元龙

曾纪泽出使各国，前后8年，在外交上建树颇大，究其原因是多方面的：

曾纪泽始终将民族利益、国家利益至于崇高无上的地位，甚至能置个人安危、身家性命于度外。他曾说："近来时世，见得中外交涉时间，有时须看性命尚在第二层，竟须拼得将身名看得不要紧，方能替国家保全大局。"

曾纪泽在对外交涉时，从未虚骄自大。他主张按"忠信笃敬"的态度对待外国人。这四字按曾国藩的解释是："忠者无欺诈之心，信者不说假话耳，笃者原也，敬者慎也。"

曾纪泽具有不畏强暴、据理力争的凛然正气。他曾说："理之所在，百折不回，不可威力所趋。"这个"理"

曾纪泽墓石构件

就是为国为民的一股正气，就是他对外交涉时所持有的正义立场。

曾纪泽的博学多识也成为他外交成功不可或缺的一个重要条件。他说："本爵颇好留心西学，志欲使中国商民，仿效欧洲富国强兵之术，格物致知之学。"由于熟悉国际政治、精通英文，使得他在外交场合中可以游刃有余地发挥。

曾纪泽的主要外交思想及其外交实践不仅高于其前辈，也高于同时代人。因此中外人士给予了他很高的评价：

美国传教士丁韪良说："曾纪泽出使8年，满载着光荣回到北京，成为中国近代派遣到国外最成功的一个外

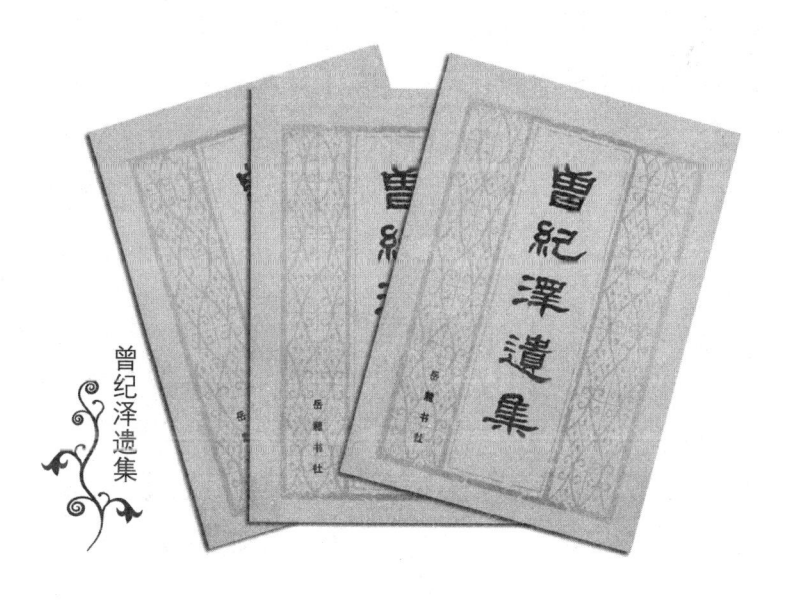

曾纪泽遗集

交家。"

　　此言非虚，曾纪泽不愧是中国清朝最卓越的外交家之一，他没经过正规的外交知识学习和系统的外交实务训练，但已触及近代外交政策的核心问题，已具备了一位外交家应具备的基本素质：了解国情、知晓世界形势、忠诚谨慎、有谋有略、机智灵活、能言善辩。他认识到近代中国对外关系根本问题，并不在于交涉的本身，而在于国家是否自强，"中国如能自强，则可以似汉唐之匈奴、西域、吐蕃，尚未能自强，则直如春秋战国之晋楚齐秦"。中国要自强，就要学习西方的科技文化，用西方的科学技术武装自己，创立近代政治经济体制和近代工业企业，创办近代海军，抵御外来侵略。在对外关系上，面对列强窥伺中国的局面，他力主捍卫国家主权和领土完整，加强中国与各藩属关系，通过加强对藩属的控制，改变中国与藩属的松散关系。他极力主张收回关税自主权，取消不平等条约，并废除最惠国待遇，还中国一个完整的主权国家面目。这些思想如实反映了中国近代外交史上中国挨打受辱的事实和一位杰出外交家所欲追求的目标。

尤其是在伊犁事件上，在这场绝无仅有的"虎口夺食"的较量中，曾纪泽怀着一腔抵抗列强保卫国家的热血，同沙皇俄国展开了激烈的斗争。他方针正确，思路敏捷，能言善辩，既坚持原则，又机智灵活，利用中国对条约内次要商务条款的让步，换取俄国对边界商务等重要条款的让步。他还非常善于利用英、法与俄国的矛盾对俄施加影响，同时利用武力与外交紧密配合，实现他所提出的解决争端的方案。这些成就在中国近代外交史上是不多见的。

曾纪泽是奋斗在外交战线上的一位爱国志士。在国势衰落、妥协分子掌握外交大权的清王朝，曾纪泽为挽回国家的损失和民族利益已尽最大努力。他在侵略者面前，表现了不屈不挠的斗争精神。他学习西方文化知识，但并不崇洋媚外；他成为大家子弟学习外语的第一人，是为了更好地为朝廷服务，为国家尽忠。他主张吸收西方的科技文化成果，目的是致力于中国的强大。在谈判桌上，他不屈不挠，据理力争，既不向列强的武力威胁低头，也不向流言蜚语屈服。他所奉行的外交政策，与崇厚的昏庸卖国、李鸿章的妥协退让形成鲜明的对比。尽管受历史条件的限制，曾纪泽外交主张没能完全实现，但他为维护中国权益所进行的积极斗争，捍卫了国家的主权，收回了祖国的领土，维护了民族的尊严，是近代中国外交史上极为光辉的一页。

曾纪泽像

中华爱国人物故事
ZHONGHUA AIGUO RENWU GUSHI